프랑스어능력인증시험

DELF

DIPLÔME D'ÉTUDES EN LANGUE FRANÇAISE

A2 구술

정일영 · 최인경 지음

신아사

정일영

Paris 8대학 언어학 석·박사 학위 취득
대학 출강
델프 교재 및 프랑스어 관련 저서 30여권 집필

최인경

Paris 4대학 문학 석·박사 학위 취득
대학 출강
델프 교재 집필 및 번역서 다수

프랑스어 능력인증시험

델프 A2 구술

초판 1쇄 발행 _ 2017년 6월 5일

저　　자 · 정일영 · 최인경
발 행 인 · 정 현 걸
발　　행 · 신 아 사
인　　쇄 · 토탈프로세스
주　　소 · 서울특별시 은평구 통일로 59길 4 (2층)
전　　화 · (02) 382-6411　팩스 · (02) 382-6401
홈페이지 · www.shinasa.co.kr
E-mail · shinasa@daum.net
출판등록 · 1956년 1월 5일 (제 9-52호)

ISBN : 978-89-8396-994-1 (13760)

정가 15,000원

델프 A2 구술

글을 쓰면서

이 책의 집필 목적은 프랑스어 자격 인증 시험인 DELF 중 A2를 준비하는 응시자들의 말하기 능력을 향상시키고자 하는데 있다. 평가 유형을 구성하고 있는 듣기, 말하기, 쓰기, 읽기 분야 중 말하기는 응시자들이 매우 큰 부담을 느낀다. 그 이유는 매우 다양하겠지만 무엇보다도 심리적인 문제를 들 수 있는데 왜냐하면 감독관과 얼굴을 맞대고 진행되는 시험의 성격상 이러한 경험이 많지 않은 초보 단계의 응시자들에게는 부담이 될 수밖에 없다. 또한 문제 유형이 3가지로 이루어져 있다는 점도 역시 간과할 수 없는 문제라 할 수 있다. 감독관의 질문에 대답을 하거나 상황을 가정한 감독관과의 의사소통의 진행 방식은 응시자들로 하여금 주눅이 들 수밖에 없다.

그런데 구술 평가에서 좋은 결과를 얻기 위한 가장 효율적인 방법은 바로 예상문제들을 중심으로 철저한 준비를 하는 것이다. B1이나 B2의 단계와는 달리 A2의 경우 감독관의 기본적인 질문사항들은 예측이 가능하며 따라서 응시자는 이에 대한 학습을 함으로써 자신감을 높일 수 있기 때문에 심리적인 부담 역시 줄일 수 있다.

구술 평가를 대비하기 위한 이 책의 구성은 다음과 같다.

- 시험 유형에 맞춘 효율적 구성

구술 평가의 3가지 유형인 개인의 인적사항, 기술하기, 역할 분담 학습의 평가에 맞추어 감독관이 질문할 수 있는 내용이나 출제 가능한 예상문제들을 중심으로 문제의 적중률을 높이고자 하였다.

- 상황에 따른 진행 방식 설명

각 문항별로 어떻게 말을 해야 하는지, 감독관의 질문에 어떻게 대답해야 하는지, 역할 분담 평가에서는 어떤 식으로 말을 전개해야 하는지에 대한 상세하고도 구체적인 방법을 제시하였다. 이를 통해 응시자가 구술을 하는 데에 있어서 논리적인 사고를 할 수 있는 기본적인 틀을 마련하고자 하였다.

- 풍부한 예시문들의 제시

8년 동안의 DELF 시험의 감독관과 채점관으로서의 경험을 바탕으로 그동안 출제되었던 문제들을 분석하여 가능한 한 많은 예시문들을 제시하였다. 이를 통해 응시자가 실제 평가를 받을 때 학습하였던 내용과 밀접한 관련이 있어서 당황하지 않고 평소 학습했던 대로 제 실력을 발휘할 수 있도록 하였다.

DELF의 A2 시험을 준비하는 응시자들이 구술 평가에서 최대한 좋은 성적을 받을 수 있도록 하기 위해 나름대로 책의 내용을 구성하였지만 아직도 많은 부분에서 부족한 점이 있다. 그렇지만 아무쪼록 이 책이 학습자들에게 작은 도움이 될 수 있는 길잡이 역할을 했으면 한다.

2017년 5월

저자가

델프 A2 구술

목차

I. 구술 평가에 대한 분석

II. 시험 평가 유형

1. Entretien dirigé

2. Monologue suivi

3. Interaction

I.

구술평가에 대한 분석

프랑스어능력인증시험

DELF

DIPLÔME D'ÉTUDES EN LANGUE FRANÇAISE

A2 구술

1. 구술 평가 기준

A2 구술 평가 방식은 A1과 마찬가지로 entretien dirigé, échange d'informations, dialogue simulé의 세 단계로 세분화하고 세 유형의 평가 중 어휘, 형태 · 통사적 또는 문법 능력, 그리고 발음 체계에 대한 능력을 종합하여 평가한다.

1단계(entretien dirigé)의 경우 두 가지로 분류하여 평가하는데 첫째는 표현적 능력 평가로서 A1 단계와 마찬가지로 자신을 소개하고 자신과 친근한 주변 상황(가족, 친구)에 대해 기술할 수 있는 능력이 있는지, 또는 감독관의 간략한 질문들에 대해 답변하거나 반응할 수 있는 능력과 간단한 의사소통 능력을 갖추고 있는지를 평가한다. 그리고 항목별 분포도는 다음과 같다:

자신의 인적사항을 포함하여 자신을 소개하고 친숙한 환경에 대해 기술할 수 있는 능력.	0	0.5	1	1.5	2	2.5	3
간략한 질문에 대해 답변하고 적절히 반응할 수 있는 능력, 그리고 간단한 상호작용을 소화할 수 있는 능력.	0	0.5	1				

2단계는 monologue suivi로서 어떤 사건이나 활동, 계획 또는 자신이 살고 있는 도시 등과 같이 일상생활에서 실제로 쉽게 접하거나 경험할 수 있는 내용을 중심으로 간략하게 소개하거나 기술할 능력이 있는지를 측정한다:

어떤 사건이나 행동, 계획 장소 등 친숙한 내용으로 구성된 내용을 간략한 방법으로 소개할 수 있는 능력.	0	0.5	1	1.5	2	2.5	3
간략하고 명확한 방법으로 적절한 정보들을 서로 연결할 수 있는 능력.	0	0.5	1	1.5	2		

3단계는 exercice en interaction으로서 일상생활에서 흔히 일어날 수 있는 상황(옷가게, 상점에서 물건사기, 식당에서 음식 주문하기, 길 묻기 등)을 중심으로 감독관과 역할을 나누어 상황을 재현할 능력을 평가한다. 그렇지 않으면 제안하기, 제안을 수락하거나 거절하기 등의 주어진 의사소통 내용에 따라 얼마나 소화해낼 수 있는지를 파악하며 점수 분포도는 다음과 같다:

일상생활에 대한 상황이나 내용을 중심으로 감독관과 응시자 간의 간단한 합의하에서 정보들을 묻고 제공하는 능력.	0	0.5	1	1.5	2	2.5	3	3.5	4
흔히 사용하는 표현들과 기본적인 사항들을 바탕으로 일상생활에서 발생하는 상황에 대해 간략하면서도 효과적으로 대처하는 능력.	0	0.5	1	1.5	2				

그리고 마지막으로 각 단계 시험이 진행되는 동안에 사용했던 어휘적, 문법적, 형태 · 통사적인 면과 발음 체계에 대한 능력을 종합하여 평가한다:

어휘력 일상생활에서 흔히 발생하는 상황을 제대로 표현하기 위해 적합한 어휘들을 사용할 수 있는 능력.	0	0.5	1	1.5	2	2.5	3		
형태 통사적 능력 간단한 문법적 형태와 구조를 활용할 수 있는 능력으로서 비록 오류가 발생할 수는 있지만 의미를 전달할 수 있는 능력.	0	0.5	1	1.5	2	2.5	3	3.5	4
음운론적 능력 충분히 명확한 방법으로 표현할 수 있는 능력.	0	0.5	1	1.5	2	2.5	3		

2. 시험 보기 전 단계

구술 시험은 일요일에 진행되는데 사전에 자신이 배정받은 시간과 응시 장소를 인터넷에서 확인해야 한다. 그리고 신분증과 수험표를 반드시 지참해야 하는데 특히 신분증의 경우 주민등록번호가 완전하게 다 나온 것이어야 하며 사진이 반드시 붙어 있어야 한다(간혹 고등학생들의 경우 학생증에 주민등록 번호 뒷자리가 나와 있지 않은 것을 가지고 오기도 하는데 이럴 경우 시험 응시가 불가능하다). 수험표는 고사장에서 배부받을 수도 있지만 신분증을 가져오지 않으면 응시 자체가 불가능하기 때문에 시험 전날 자기 전 반드시 챙겨 놓아야 한다.

구술시험의 3가지 유형 중 첫 번째에 해당하는 영역으로서 응시자의 인적사항이나 기호도 또는 일상생활에 대한 이야기를 기술할 수 있는 능력이 있는지를 평가한다. 이 시험 유형은 매우 중요하다 할 수 있는데 왜냐하면 감독관이 응시자에 대한 느낌이나 인상을 가지게 되기 때문이다. 제일 먼저 준비실에서 유형 2와 3에 대한 준비를 한 후에 배정된 시험 교실에 들어서게 된다.

일반적으로 한 시험실에는 3명에서 4명까지의 감독관이 배정되어 있는데 시험실에 들어가면 감독관들이 이름을 부른다. 이때 자신의 이름을 부르는 감독관 앞으로 가면 된다. 이때 감독관 앞에 가자 마자 bonjour, monsieur 또는 madame이라고 인사를 하는 것이 바람직하다. 그러면 감독관이 의자에 앉으라는 말을 하고(Asseyez-vous) 수험표(convocation)와 신분증(pièce d'identité)을 보여 달라고 한다. 그리고 채점표에 사인을 받는데 이 과정이 끝난 후에 비로소 구술시험이 시작된다.

대부분 기초 단계에 해당하는 A2 시험이고 구술 학습이 제대로 이루어지지 않은 상황 속에서 응시자들은 당황하기 마련이다. 따라서 수험표나 신분증을 달라는 소리를 못 알아 들을 수도 있는데 이때 감독관은 응시자를 배려하는 차원에서 같은 의미의 다른 어휘를 사용할 수 있다. 예를 들어 신분증의 경우는 passeport (여권), carte d'étudiant (학생증)과 같은 다른 어휘를 활용하지만 수험표의 경우는 다른 어휘를 사용하기가 어렵다. 따라서 응시자는 자리에 앉자마자 무조건 수험표와 신분증을 꺼내 감독관 앞에 내보이면 된다. 그리고 본 시험이 시작되기 전에 감독관이 응시자의 긴장을 풀어주기 위해 (Comment) Ça va ? 라고 질문하기도 하는데 이때는 Ça va, merci. Et vous ? 라고 대답하는 것이 바람직하다. 간혹 응시자들 중에 Ça va. 라고만 말하는 사람들이 있는데 우리말로는 별로 이상할 것이 없지만 예의를 중시 여기는 프랑스인들 경우에는 내 안부를 물어봤으니 상대방의 안부도 물어보는 것이 당연하다고 생각하는 사람들도 있으니 최소한 Ça va, merci까지라도 대답해야 한다.

II.

시험 평가 유형

프랑스어능력인증시험

DELF

DIPLÔME D'ÉTUDES EN LANGUE FRANÇAISE

A2 구술

1.
Entretien dirigé

1단계(entretien dirigé)의 경우 두 가지로 분류하여 평가하는데 첫째는 표현적 능력 평가로서 A1 단계와 마찬가지로 자신을 소개하고 자신과 친근한 주변 상황(가족, 친구)에 대해 기술할 수 있는 능력이 있는지, 또는 감독관의 간략한 질문들에 대해 답변하거나 반응할 수 있는 능력과 간단한 의사소통 능력을 갖추고 있는지를 평가한다. 그리고 항목별 분포도는 다음과 같다:

자신의 인적사항을 포함하여 자신을 소개하고 친숙한 환경에 대해 기술할 수 있는 능력.	0	0.5	1	1.5	2	2.5	3
간략한 질문에 대해 답변하고 적절히 반응할 수 있는 능력, 그리고 간단한 상호작용을 소화할 수 있는 능력.	0	0.5	1				

(1) 개인 인적 사항

감독관이 제일 처음에 질문하는 내용으로서 응시자의 개인 신상에 대한 내용들과 관련한 질문을 하는데 일반적으로 다음과 같은 것들이 포함된다.

개인 및 가족상황에 대한 질문	이름	
	가족 소개	결혼 여부 (기혼인가 미혼인가?)
		자녀 여부 (자식이 있는가 없는가?)
		자녀의 나이
		형제, 자매의 유무
		형제, 자매들이 살고 있는 곳
		형제, 자매들의 직업
	국적	
	직업	
일상생활에 관한 질문	하루 일과에 대한 설명	기상시간과 취침시간
		식사시간과 음식 종류
		귀가 시간
		저녁에 하는 일
	주말 일과에 대한 설명	주말에 하는 활동
	방학, 휴가에 대한 설명	지난 방학에 했던 활동
		앞으로의 방학, 휴가에 대한 활동
선호도에 관한 질문	좋아하는 것에 대해 설명	음식, 스포츠, 영화
		TV 프로
미래의 계획에 대한 질문	앞으로의 계획에 대한 설명	장래희망, 직업 선택
학업에 관한 질문	프랑스어 관련에 대한 설명	프랑스어를 공부한 기간
		프랑스어를 공부하게 된 이유 설명

① 이름 묻고 답하기

사실, 처음 시험실에 입실했을 때 이미 감독관이 이름을 확인했기 때문에 이름을 묻는 부분은 생략하는 경우가 많다. 그러나 경우에 따라 다시 확인하는 감독관들도 있기 때문에 기본적인 표현을 숙지하는 것이 바람직하다. 감독관이 응시자에게 tutoyer를 하거나 vouvoyer를 하는데 주로

vouvoyer를 하는 경우가 많다. 또한 문법에 맞는 주어 동사를 도치하는 질문과 구어체 형식의 의문문을 사용할 수 있는데 이는 감독관에 따라 다르기 때문에 두 가지 방법 다 익혀두어야 한다. 이름은 원칙적으로는 이름, 성 순으로 답하지만 그냥 성, 이름의 순서로 답해도 무관하다. 간혹 감독관들 중에 철자를 대보라는 경우가 있는데 이럴 때 Comment ça c'est écrit ? 또는 Éppelez votre nom, s'il vous plaît ! 라고도 말한다. 따라서 응시자는 자신의 이름의 철자를 알파벳으로 미리 숙지하는 것이 중요하다.

당신의 이름은 무엇입니까 ?	제 이름은 X입니다.
Quel est votre (ton) nom ?	Je m'appelle X.
C'est quoi, votre (ton) nom ?	
Comment vous appelez-vous ? Comment t'appelles-tu ?	
Vous vous appelez comment ? Tu t'appelles comment ?	

② 나이 묻고 답하기

응시자의 연령에 대해 묻고 답하는 부분으로서 앞에서와 마찬가지로 문어체 또는 구어체 형식의 의문문을 사용한다. 숫자가 포함되는 부분이므로 응시자는 자신의 나이에 해당하는 숫자를 시험 전에 반드시 숙지하여 익혀야 한다.

당신의 나이는 얼마입니까 ?	J'ai + 숫자 + ans.
Quel âge avez-vous (Vous avez quel âge) ?	

③ 거주지 묻고 답하기

응시자가 어디에 살고 있는지를 묻는 질문이다. 보통 응시자들이 첫 번째 영역에 대한 정보들을 미리 암기하고 오기 때문에 감독관은 응시자의 프랑스어 구사능력을 평가하기 위해 이 부분에서 다른 질문들을 추가하는 경우가 있다.

당신 어디에 사십니까 ? Où habitez-vous ? (Vous habitez où) ?	나는 X에 살고 있습니다. J'habite à + 도시 이름
Vous habitez loin (près) d'ici ? 여기서 멀리(가까이) 사시나요?	Oui (Non), j'habite loin (près) d'ici. 예 (아니오), 여기서 멀리(가까이) 살아요.

여기까지 오는데 시간이 얼마나 걸리죠? Ça prend combien de temps pour venir ici ?	한, 두 시간 걸립니다. Une heure, Deux heures.
어떻게 여기에 왔죠? Comment êtes-vous venu ici ?	지하철(버스)로, 걸어서 왔습니다. Je suis venu(e) en métro (bus), à pied.
사는 동네에 대해 말해 보세요. Parlez-moi de votre quartier.	매우 조용한 동네이고 주민들은 친절해요. C'est un quartier très calme et les habitants sont sympas.

④ 국적 묻고 답하기

한국인들이 시험을 보는 경우가 대부분임으로 사실 국적을 묻는 부분은 거의 하지 않지만 그래도 인적사항과 관련된 기본적인 표현을 묻는 부분이기 때문에 알아두는 것이 좋다.

당신의 국적은 어디입니까 ? Quelle est votre (ta) nationalité?	나는 한국인입니다. Je suis Coréen(ne).
한국인이세요? Vous êtes Coréen(ne) ?	예, 나는 한국인입니다. Oui, je suis Coréen(ne).
Vous êtes Japonais(e) ? 일본인이세요?	아니오, 나는 한국인입니다. Non, je suis Coréen(ne).
당신 어디에서 오셨어요? D'où venez-vous ? D'où viens-tu ?	한국에서 왔습니다. Je viens de Corée.

⑤ 직업 또는 신분

이 부분은 응시자의 연령대에 따라 질문이 바뀌는 부분이다. 다시 말해서, 학생으로 보이는 경우의 질문과 직장인으로 보이는 사람에 따라서 질문과 답변이 다를 수 있다. 또한 프랑스어를 배우는 것과 관련한 다양한 질문을 할 수 있다.

당신의 직업은 무엇입니까 ? Quelle est votre profession ? Qu'est-ce que vous faites (dans la vie) ?	나는 학생입니다. Je suis étudiant(e).
	병원에서 일해요. Je travaille dans un hôpital.

당신 학생이세요? Vous êtes étudiant(e) ?	예, 학생입니다. Oui, je suis étudiant(e).
프랑스어를 배운지 얼마나 되었죠? Ça fait combien de temps apprenez-vous le français ?	프랑스어를 배운지 6개월이 되었습니다. Ça fait six mois que j'apprends le français.
왜 프랑스어를 배우죠? Pourquoi apprenez-vous le français ?	왜냐하면 프랑스 문화를 좋아해서요. Parce que j'aime la culture française.
	왜냐하면 프랑스에서 공부를 계속하고 싶어서입니다. Parce que je voudrais continuer mes études en France.

⑥ 결혼 유무 묻고 답하기

이 부분도 응시자의 연령대에 따라 질문이 바뀌는 부분으로서 기혼과 미혼에 관한 질문 내용을 한다.

결혼 하셨어요 ? Vous êtes marié(e) ?	Oui, je suis marié. 예, 결혼 했습니다.
	Non, je suis célibataire. 아니오, 독신입니다.

(2) 가족에 관한 질문과 답하기

연령층에 따라 질문 내용이 달라질 수 있는데 학생들의 경우는 주로 부모나 형제자매에 대해 묻는 반면 연령대가 높은 응시자에게는 결혼의 유무, 자녀 유무에 대해 묻는다.

- 학생의 경우

질문의 내용은 두 가지로 구분될 수 있는데 첫 번째는 감독관이 응시자의 가족에 대한 전체적인 사항을 묻고 응시자가 답변하는 경우이다. A2 구술시험의 지침 중 하나가 응시자로 하여금 말을 많이 할 수 있는 기회를 제공하라는 점을 감안할 때 많은 감독관이 이 질문을 선택하고 있다. 두 번째는 항목별로 질문하고 답변하는 방식으로서 간략한 질문에 따른 간단한 답변으로 이루어진다. 특히 직업에 관한 질문에 대한 답하기 위해서는 부모의 직업과 관련된 어휘나 표현들을 알고 있어야 한다.

Il (Elle) travaille dans une entreprise.

아버지(엄마)는 회사에 다니십니다.

Il est homme d'affaires.

사업가이십니다.

어휘

fonctionnaire 공무원
médecin 의사
professeur 선생님
entrepreneur 사업가
peintre 화가
infirmier(ère) 간호사

Parlez-moi de votre famille. 당신 가족에 대해 말해 보세요.

Mon père a OO ans et il est fonctionnaire. Ma mère a OO ans et elle s'occupe de la maison. J'ai un frère (une sœur), il (elle) a 00 ans et il (elle) est lycéen(ne).
아버지는 OO세시고 공무원이십니다. 어머니는 OO살이고 가사일을 돌보십니다. 나는 남동생(여동생)이 한 명 있는데 고등학생입니다.

당신 아버지는 일을 하십니까 ? Est-ce que votre père travaille ?	Oui, il est fonctionnaire. 공무원이세요.
	Non, il prend sa retraite. 아니오, 정년 퇴직 하셨어요.
당신 어머니는 직업이 있으세요 ? Votre mère a un travail ?	Ouil elle travaille dans un hôpital. 예, 병원에서 일하세요
	Non, elle s'occupe de la maison. 아니오, 가사일을 돌보세요.

- 직장인이나 학생 이상의 나이

자녀가 있습니까 ? Avez-vous des enfants ?	Oui, j'en ai deux. 예, 두 명 있습니다.
몇 명의 자녀가 있습니까 ? Combien d'enfants avez-vous ?	Non, je n'ai pas d'enfant. 아니오, 아이가 없습니다.
	J'ai un garçon et une fille. 아들 하나, 딸 하나 있습니다.

형제나 자매가 있습니까? Vous avez des frères ou des sœurs ?	Oui, j'ai un frère et une sœur. 예, 형제 한 명과 자매 한 명이 있어요.
	Non. je suis une fille (un fils) unique. 아니오, 무남독녀 (무녀독남) 이에요.

(3) 개인적 취향 (les goûts personnels)

감독관들이 가장 다양하게 할 수 있는 질문으로서 선호도를 묻고 그와 관련된 추가적인 질문을 할 수 있다. 예를 들어, 응시자가 운동을 좋아한다고 답하면 일주일 혹은 한 달에 몇 번 하는지를 물을 수 있다. 그리고 좋아하는 선수나 팀은 누구인지, 왜 좋아하는지를 묻는다. 영화나 텔레비전 프로도 마찬가지로 이런 식의 추가적인 질문이 이어질 수 있기 때문에 응시자는 미리 답변을 준비하여야 한다. 그렇지 않으면 Qu'est-ce que vous aimez ? 당신은 무엇을 좋아하세요? 라고 기호도에 대해 전체적으로 물을 수도 있다. 이 경우를 대비해서 응시자는 단답형의 문장이 아니라 무엇을 좋아하고, 그것을 일주일 또는 한 달에 몇 번을 하며, 좋아하는 것 또는 사람은 무엇이나 누구이며 왜 좋아하는지에 대해 한꺼번에 말할 수 있도록 준비해야 한다.

① 운동 (Sport)

E :

Vous aimez le sport ? 당신 운동을 좋아하세요?

C :

Oui, je l'adore. 예, 아주 좋아합니다.

E :

Quel sport aimez-vous ? Et pourquoi ?

어떤 운동을 좋아하세요? 그리고 이유는요?

C :

J'aime bien le football parce que c'est un sport collectif et on peut le faire quel que soit le temps.

나는 축구를 아주 좋아하는데 왜냐하면 집단 운동이고 날씨와 상관없이 할 수 있으니까요.

② 영화 (le cinéma)

E :

Vous aimez le cinéma ? 영화를 좋아하세요?

C :

Oui, je l'aime. 예, 좋아합니다.

E :

Quel genre de film aimez-vous ? Et pourquoi ?

어떤 종류의 영화를 좋아하세요? 그리고 이유는요?

C :

J'aime le film d'action parce que je n'ai pas besoin de réfléchir et je m'amuse en regardant l'action.

나는 액션 영화를 좋아하는데 왜냐하면 깊이 생각할 필요가 없기 때문이고 화려한 액션을 보면서 즐기니까요.

E :

Parlez-moi de votre acteur ou actrice préféré(e) et pourquoi.

당신이 좋아하는 배우에 대해 말해주고 그 이유는요?

C :

J'aime beaucoup l'acteur qui s'appelle OOO. Il n'est ni beau ni grand mais il joue vraiment bien. Il est capable de jouer n'importe quel rôle.

나는 OOO이라 불리는 배우를 아주 좋아합니다. 그는 잘 생기지도 키가 크지도 않지만 연기를 정말 잘합니다. 그는 어떠한 역할도 해낼 능력이 있습니다.

③ 텔레비전 (la télévision)

E :

Parlez-moi de votre émission de télévision préférée.

당신이 좋아하는 텔레비전 프로에 대해 말해주세요.

C :

J'aime les émissions de variétés et j'adore surtout l'émission "OOO". Il se passe le dimanche soir. Les 6 artistes font leur mission en équipe avec les invités. C'est très amusant et toute la famille peut la regarder.

나는 버라이어티 방송을 좋아하는데 특히 OOO을 아주 좋아합니다. 일요일 저녁에 방송됩니다. 6명의 연예인들이 초대손님들과 팀을 이루어 미션을 수행합니다. 매우 재미있고 모든 가족들이 볼 수 있습니다.

④ 노래 (la chanson)

E :

Vous aimez la musique ?

음악을 좋아하세요?

C :

Oui, j'aime bien la musique.

예, 음악을 매우 좋아합니다.

E :

Quel genre de musique aimez-vous ? Et Pourquoi ?

어떤 종류의 음악을 좋아하시죠? 그리고 이유는요?

C :

J'aime surtout la chanson française parce que ses paroles sont très belles.

나는 특히 프랑스 노래를 좋아하는데 왜냐하면 가사가 매우 아름답기 때문입니다.

E :

Vous avez un chanteur ou une chanteuse préféré(e) ? Et pourquoi ?

당신은 좋아하는 가수가 있습니까? 그리고 그 이유는요?

C :

J'adore Céline Dion. Tout d'abord, elle chante vraiment bien. Et puis, elle est grande et belle.

나는 셀린 디옹을 아주 좋아합니다. 무엇보다도. 그녀는 노래를 정말 잘합니다. 그리고 그녀는 키가 크고 아름답습니다.

⑤ 책 (le livre)

E :

Vous aimez lire ? 당신 독서하는 것을 좋아하세요?

C :

Oui, je lis un livre par semaine. 예, 나는 일주일에 한 권씩 책을 읽습니다.

E :

Quel est votre livre préféré et pourquoi ?

좋아하는 책은 무엇이고 그 이유는요?

C :

J'aime "les Misérables". C'est un roman très intéressant et on peut apprendre l'histoire française.

나는 "레미제라블"을 좋아합니다. 아주 재미있는 소설이고 프랑스 역사를 배울 수 있습니다.

E :

Qu'est-ce que vous aimez ?

무엇을 좋아하세요?

C :

J'aime me promener. Il y a un parc près de chez moi et j'y vais une fois par semaine. J'aime faire une promenade parce que je peux me détendre.

나는 산책하는 것을 좋아합니다. 집 가까이에 공원이 있어서 일주일에 한 번 그곳에 갑니다. 나는 산책하는 것을 좋아하는데 왜냐하면 긴장을 풀 수 있기 때문입니다.

⑥ 성격 (caractère)

a)

E :

Quels sont vos caractères ?

당신의 성격은 어떻습니까?

C :

J'essaie toujours de penser positivement. Et je respecte l'opinion des autres même si je ne suis pas d'accord avec eux. Et puis, j'aime rencontrer des gens.

나는 항상 긍정적으로 생각하려고 노력합니다. 그리고 다른 사람이 나와 의견이 같지 않더라도 다른 사람들의 의견을 존중합니다. 그리고 사람들을 만나는 것을 좋아합니다.

b)

E :

Avez-vous un défaut ? Lequel ? 당신은 단점이 있나요? 무엇이죠?

C :

J'oublie souvent le rendez-vous et mes amis me téléphonent toujours pour me rappeler la date et l'endroit du rendez-vous.

나는 약속을 자주 잊고 그래서 내 친구들은 약속 날짜와 장소를 나에게 상기시키기 위해 늘 전화를 합니다.

c)

E :

À qui ressemblez-vous le plus dans votre famille ?

당신은 당신 가족 중에 누구를 가장 닮았습니까?

C :

Je me ressemble beaucoup à mon petit frère. La plupart des gens ne peuvent nous distinguer. Nous avons le même visage et on a le même goût.

나는 내 동생과 아주 닮았습니다. 대부분의 사람들은 우리를 구분하지 못합니다. 우리는 같은 얼굴에 같은 취향을 가지고 있습니다.

⑦ 과목 (la matière)

E :

Quelle est votre matière préférée ? Pourquoi ?

당신이 좋아하는 과목을 무엇입니까? 이유는요?

C :

Ma matière préférée, c'est le français. J'ai commencé à apprendre le français à l'université pour la première fois. J'aime la culture française et je voudrais aller en France poiur continuer mes études.

내가 좋아하는 과목은 프랑스어입니다. 나는 대학에서 처음으로 프랑스어를 배우기 시작했습니다. 나는 프랑스 문화를 좋아하고 프랑스에 가서 공부를 계속하고 싶습니다,

⑧ 계절 (la saison)

E :

Quelle saison aimez-vous et pourquoi ?

당신은 어떤 계절을 좋아하며 그 이유는 무엇입니까?

C :

J'aime l'été parce que je déteste le froid. Chaque été, je vais à la mer avec ma famille ou mes amis. On fait du ballon ou on se bronze sur la plage.

나는 여름을 좋아하는데 왜냐하면 추위를 아주 싫어하기 때문입니다. 매 여름, 나는 가족 또는 친구들과 바다에 갑니다. 우린 해변가에서 공놀이를 하거나 일광욕을 합니다.

C :

J'aime bien l'hiver parce qu'il neige beaucoup et je peux faire du ski. Je m'amuse beaucoup avec mes amis en faisant un bonhomme de neige.

나는 겨울을 매우 좋아하는데 왜냐하면 눈이 많이 내리고 스키를 탈 수 있기 때문입니다. 그리고 나는 눈사람을 만들며 친구들과 아주 재미있게 놉니다.

(4) 전체적으로 질문하는 경우

감독관에 따라서 항목 하나 하나를 질문해서 평가하는 것을 선호하는 사람이 있는가 하면 전체적으로 물어보고 평가하는 사람도 있다. 전체적으로 물어보는 경우는 크게 6가지 정도로 질문 내용을 예상할 수 있는데 그 내용을 살펴보면 다음과 같다. 특히 여기에서 소개하고 있는 내용들은 두 번째 구술 유형인 독백에서도 주제로 자주 등장하기 때문에 반드시 알아두어야 한다.

① 소개

앞에서 했던 기본적인 인적사항 (이름, 나이, 거주지, 직업 등)과 함께 기호도를 덧붙여서 이야기한다. 항목 별 질문과 완전히 다르게 외우기에는 암기할 내용이 너무 많아지기 때문에 앞에서 했던 내용들을 종합해서 정리해야 한다. 어차피 항목 별로 질문하거나 아니면 전체적으로 질문하거나 둘 중에 하나이기 때문에 실제 시험에는 전혀 상관이 없다.

E :

Parlez-moi de vous. Présentez-vous.

당신에 대해 말해보세요. 당신을 소개하세요.

C :

Bonjour. Je m'appelle OOO. J'ai OO ans et je suis étudiant. J'habite à OO et je vais à l'école à pied parce qu'elle est tout près de chez moi. J'aime le sport et je joue au tennis avec mes amis une fois par semaine. J'aime aussi le chien et je me promène dans le parc avec lui. Je m'intéresse beaucoup aux tableaux et je vais souvent au musée.

안녕하세요, 제 이름은 OOO입니다. 저는 OO살이고 학생입니다. OO에 살고 있고 학교에는 걸어서 가는데 왜냐하면 학교가 집에서 아주 가깝기 때문입니다. 저는 운동을 좋아해서 일주일에 한 번씩 친구들과 테니스를 칩니다. 그리고 개를 좋아해서 개를 데리고 공원을 산책합니다. 그림에도 관심이 많아서 미술관에 자주 갑니다.

C :

Bonjour. Je m'appelle OOO. J'ai OO ans et je suis étudiante. J'habite à OO et je vais à l'université en métro. J'aime le cinéma et j'y vais avec mes amis deux fois par mois. J'aime beaucuop l'acteur qui s'appelle OOO. Il n'est ni beau ni grand mais il joue vraiment bien. Il est capable de jouer n'importe quel rôle. J'adore rencontrer mes amis et on prend souvent un café. On se parle de la vie scolaire et de l'émission de télé.

안녕하세요, 제 이름은 OOO입니다. 저는 OO살이고 학생입니다. OO에 살고 있고 나는 지하철로 대학교에 갑니다. 나는 영화를 좋아해서 친구들과 한 달에 두 번 극장에 갑니다. 나는 OOO이라 불리는 배우를 아주 좋아합니다. 그는 잘 생기지도 키가 크지도 않지만 연기를 정말 잘합니다. 그는 어떠한 역할도 해낼 능력이 있습니다. 나는 친구들을 만나는 것을 아주 좋아해서 커피를 자주 마십니다. 우리는 학교 생활이나 텔레비전 방송에 대해 서로 말합니다.

C :

Bonjour. Je m'appelle OOO. J'ai OO ans et je travaille dans une entreprise. J'habite à OO et je vais au travail en métro. J'aime le sport et j'adore surtout le tennis. Je joue au tennis avec mes amis une fois par semaine. J'aime aussi rencontrer mes amis. On prend un verre après le dîner et on se parle du travail ou de la vie quotidienne.

안녕하세요, 제 이름은 OOO입니다. 저는 OO살이고 직장에 다니고 있습니다. OO에 살고 있고 나는 지하철로 직장에 갑니다. 나는 운동을 좋아하고 특히 테니스를 좋아합니다. 나는 일주일에 한 번 친구들과 테니스를 칩니다. 나는 또 친구들을 만나는 것을 좋아합니다.

E :

Parlez-moi de votre famille. 당신 가족에 대해 말해보세요.

C :

Je vous présente ma famille. Mon père a 50 ans et il est fonctionnaire. Ma mère a 49 ans et elle s'occupe de la maison. J'ai un petit (grand) frère (une petite, grande sœur) et il (elle) est collégien(ne), (étudiant(e)). Nous sommes très occupés dans la semaine et on essaie de passer le week-end ensemble en regardant la télé.

당신에게 내 가족을 소개합니다. 아버지는 50세이시고 공무원이십니다. 어머니는 49세이고 가사일을 돌보십니다. 남동생(오빠)이 있는데 중학생, (대학생)입니다. 주중에는 우리는 바빠서 텔레비전을 보면서 주말을 함께 보내려고 노력합니다.

② 하루 일과

E :

Parlez-moi de votre journeé.

당신의 하루 일과에 대해 말해보세요

C :

Je dois me lever tôt pour aller à l'école parce que le cours commence à 9 heures. Je prends mon petit-déjeuner à 7 heures et je m'habille. Et puis, je sors de la maison à 7 h 30. Je vais à l'école en bus (métro) et je suis fatigué(e) parce qu'il y a beaucoup de monde. Je déjeune avec mes camarades à la cantine. Je rentre à la maison à 19 h et je dîne avec ma famille. Après, on regarde la télé ou je fais mes devoirs. Ensuite, je me couche à minuit.

나는 학교에 가기 위해 일찍 일어나는데 왜냐하면 수업이 9시에 시작하기 때문입니다. 나는 7시에 아침을 먹고 옷을 입고 7시 30분에 집에서 나섭니다. 학교에 가기 위해 버스 (지하철)을 타는데 사람이 많아 피곤합니다. 나는 친구들과 함께 구내 식당에서 점심을 먹습니다. 19시에 귀가하여 가족과 함께 저녁을 먹습니다. 그 후에 텔레비전을 보거나 숙제를 합니다. 그리고 나서 자정에 잠자리에 듭니다.

C :

Je dois me lever tôt pour aller au travail. Je prends mon petit-déjeuner à 7 heures et je m'habille. Et puis, je sors de la maison à 7 h 30. Je vais au bureau en bus (métro) et je suis fatigué(e) parce qu'il y a beaucoup de monde. Je déjeune avec mes collègues à la cantine. Je rentre à la maison à 19 h et je dîne avec ma famille. Après, on regarde la télé ou je regarde mon facebook. Ensuite, je me couche à minuit.

나는 직장에 가기 위해 일찍 일어납니다. 나는 7시에 아침을 먹고 옷을 입고 7시 30분에 집에서 나섭니다. 사무실에 가기 위해 버스 (지하철)을 타는데 사람이 많아 피곤 합니다. 나는 동료들과 함께 구내 식당에서 점심을 먹습니다. 19시에 귀가하여 가족과 함께 저녁을 먹습니다. 그 후에 텔레비전을 보거나 페이스북을 봅니다. 그리고 나서 자정에 잠자리에 듭니다.

③ 주말 일과

E :

Qu'est-ce que vous faites le week-end en général ?

보통 주말에 뭐하세요?

C :

Comme je travaille à l'école du lundi au vendredi, je suis très fatigué(e). Alors, je me lève tard et je prends mon petit-déjeuner à 10 h. Je sors de la maison à 11 h pour rencontrer mes amis. On regarde souvent un film et on déjeune au fast-food. Après, on va au café et on se parle de l'étude ou bien de la vie quotidienne. Je rentre à la maison à 18h ou 19h. Après le dîner, je fais mes devoirs et je dors à une heure du matin.

나는 월요일부터 금요일까지 학교에서 공부를 하기 때문에 피곤해요. 그래서 늦게 일어나서 아침을 10시에 먹어요. 친구들을 만나기 위해 11시에 집에서 나갑니다. 우리는 자주 영화를 보고 패스트푸드점에서 점심을 먹습니다. 그리고 카페에 가서 공부나 일상 생활에 대해 서로 말합니다. 집에 18시나 19시에 돌아와요. 저녁 식사 후에 숙제를 하고 새벽 1시에 잠을 잡니다.

C :

Comme je travaille dur du lundi au vendredi, j'essaie de me détendre ou de me reposer au week-end. Tout d'abord, je me lève très tard et je fais du tennis ou du basketball avec mes copains après avoir déjeuné parce qu'il faut faire des sports pour maintenir la force. Et je vais souvent au cinéma avec mes amis l'après-midi parce que je pense que c'est l'une des meilleures façons de se détendre. Puis, j'essaie de dîner avec ma famille.

나는 월요일부터 금요일까지 힘들게 일하기 때문에 주말에는 긴장을 풀거나 휴식을 취하려고 노력합니다. 무엇보다도, 나는 매우 늦게 일어나고 점심 식사 후에 친구들과 테니스를 치거나 농구를 하는데 왜냐하면 힘을 유지하기 위해서는 운동을 해야 하기 때문입니다. 그리고 나는 오후에 친구들과 극장에 자주 가는데 그 이유는 긴장을 푸는데 제일 좋은 방법들 중에 하나라고 생각하기 때문입니다. 그리고 나는 가족들과 저녁을 먹으려고 노력합니다.

④ 방학, 휴가

E :

Qu'avez-vous fait pendant les vacances dernières ?

지난 방학 때 무엇을 했나요?

C :

Mon oncle habite au bord de la mer et il a invité ma famille et on est allés chez lui. La maison n'était pas grande, mais très agréable. Elle avait aussi un joli jardin. On se baigait sous le beau soleil ou on se promenait sur la plage. Et puis, on dînait dans un petit restaurant de la région et les plats de poissons étaient délicieux. J'ai passé le bon moment et je m'en souviendrai longtemps.

내 삼촌이 바닷가 근처에 살고 계시는데 우리 가족을 초대했고 우리는 그의 집에 갔습니다. 집은 크지는 않았지만 매우 안락했어요. 또한 예쁜 정원도 있었습니다. 우리는 태양 아래서 일광욕을 했고 해변가를 산책했습니다. 그리고 지역 조그만한 식당에서 저녁을 먹곤 했는데 생선 요리가 맛있었어요. 좋은 시간을 보냈고 오랫동안 그것을 기억할 것입니다.

C :

Mes amis et moi, on a décidé de passer les vacances d'hiver parce qu'on n'a jamais voyagé ensemble. Nous sommes allés à la montagne et il n'y avait pas beaucoup de monde. Nous faisions du ski presque tous les jours et on dînait au petit restaurant en écoutant de la musique. On se parlait du travail ou de la vie quotidienne en prenant un verre. C'était un beau souvenir.

내 친구들과 나는 겨울 방학을 보내기로 결정했는데 왜냐하면 결코 함께 여행한 적이 없었기 때문이에요. 우리는 산에 갔는데 사람들이 많지 않았어요. 우리는 거의 매일 스키를 탔고 음악을 들으면 작은 식당에서 저녁을 먹곤 했습니다. 우리는 술을 한잔 하면서 일이나 일상생활에 대해 말했어요. 좋은 추억이었습니다.

⑤ 장래 희망

E :

Qu'est-ce que vous voulez faire (devenir) plus tard ?

나중에 무엇을 하고 싶으세요 (뭐가 되고 싶으세요)?

C :

J'aimerais devenir diplomate. J'apprends l'anglais depuis le collège et je voulais étudier une autre langue étrangère. Comme le français est une langue qu'on utilise beaucoup dans le monde entier, il est très important pour moi d'apprendre cette langue.

나는 외교관이 되고 싶어요. 나는 중학교 때부터 영어를 배우고 있는데 또 다른 외국를 배우고 싶었어요. 프랑스어는 전 세계에서 많이 사용하는 언어이기 때문에 이 언어를 배우는 것이 내게는 매우 중요합니다.

C :

Je voudrais travailler dans une société française. Mon ami a trouvé un travail dans une entreprise étrangère et il est très content d'y travailler. Je travaille en ce moment dans une compagnie coréenne et je suis trop stressé(e) à cause du travail surchargé. Je pense que la condition du travail est très importante dans la vie professionnelle.

나는 프랑스 회사에서 일하고 싶어요. 내 친구가 외국인 회사에 일자리를 구했는데 그곳에서 일하는 것에 대해 매우 만족해합니다, 지금 나는 한국인 회사에 다니고 있는데 과중한 업무 때문에 스트레스가 너무 많아요. 근무 조건은 직업적인 삶에서 매우 중요하다고 생각합니다.

⑤ 프랑스어 학습

E :

Parlez des études que vous faites et expliquez pourquoi vous les avez choisies.

당신이 하고 있는 공부에 대해 말하고 왜 그것을 선택했는지를 설명하시오.

C :

J'étudie le français à l'université. Quand j'étais petit(e), je suis allé(e) au musée avec mon père. Il y avait une exposition spéciale, c'était celle du Louvre. Il y avait beaucoup de tableaux célèbres et mon père me les a expliqué. À partir de ce jour-là, j'aimais bien la peinture. Je vais continuer mes études de l'art en France, alors, j'ai décidé d'apprendre le français.

나는 대학에서 프랑스어를 배우고 있습니다. 내가 어렸을 때, 나는 아버지와 미술관에 갔습니다. 특별 전시회였는데 바로 루브르 전시회였습니다. 유명한 많은 그림이 있었고 아버지는 내게 그것들을 설명해 주셨습니다. 이 날부터, 나는 그림을 좋아하게 되었습니다. 나는 프랑스에서 미술 공부를 계속할 것인데 그래서 프랑스어를 배우기로 결정했습니다.

C :

J'ai étudié l'architecture à l'université. Quand j'étais en première année, mon professeur nous a montré les photos des monuments célèbres en France par l'internet. C'était fascient. Alors, j'ai décidé d'apprendre le français depuis ce jour-là. J'aimerais aller en France un jour pour visiter les monuments comme la tour Eiffel.

나는 대학교에서 건축학을 전공하고 있습니다. 내가 1학년 때, 교수님이 우리들에게 인터넷으로 프랑스에 유명한 기념물들 사진을 보여주셨습니다. 매우 놀라웠습니다. 그래서 나는 그 날부터 프랑스어를 배우기로 결심했습니다. 언젠가 에펠탑과 같은 기념물들을 보기 위해 프랑스에 가고 싶습니다.

2.
Le monologue suivi

구술시험의 두 번째 유형으로서 2분 가량 진행되며 응시자가 시험 준비실에서 여러 개의 문제들 중에 선택하여 테스트를 받는다. 이 유형에서 평가 기준이 되는 것은 응시자가 특정한 사건이나 활동, 계획, 장소 등 일상생활과 밀접한 관계를 맺고 있는 주제들을 소개하거나 기술할 수 있는 능력이 있는지를 본다. 또한 감독관이 묻는 간단한 질문에 답변할 능력을 갖추고 있는지 역시 평가 기준에 포함된다. 중요한 것은 쪽지 두 개 중에 최종적으로 하나를 선택하는데 주어지는 시간이 20-30초 밖에 되지 않아 매우 짧다는 것이다. 따라서 응시자는 일단 쪽지에 있는 대문자로 된 주제를 보고 그 밑에 있는 문장들 중 어휘를 모르는 것이 있는지를 파악하여 가능하면 아는 어휘들로 구성된 주제를 선택하는 것이 바람직하다. 그리고 특히 유의할 사항은 선택한 쪽지 안에 있는 질문들에 대해 모두 언급해야 한다는 것인데 예를 들어 질문 내용이 3개면 구술할 때 이 3개를 모두 말해야 한다.

어떤 사건이나 행동, 계획 장소 등 친숙한 내용으로 구성된 내용을 간략한 방법으로 소개할 수 있는 능력.	0	0.5	1	1.5	2	2.5	3
간략하고 명확한 방법으로 적절한 정보들을 서로 연결할 수 있는 능력.	0	0.5	1	1.5	2		

ex2 **SUJET 1**

le cours

Quel est votre cours préféré ? Quel cours est-ce que vous n'aimez pas ? Pourquoi ? Parlez du professeur que vous aimez et pourquoi.

수업

당신이 좋아하는 수업은 무엇인가요? 당신이 싫어하는 수업은 무엇인가요? 이유는요? 당신이 좋아하는 선생님과 그 이유를 말하시오.

핵심

학교 수업이나 수강하고 있는 과목(matière)에 대해 묻는 문제이다. 응시자가 선호하는 과목이나 좋아하지 않는 과목에 대해 말해야 하기 때문에 과목에 해당하는 어휘들을 먼저 생각하는 것이 중요하다 (l'anglais 영어 le maths 수학 le français 프랑스어 l'histoire 역사 la science 과학 등). 과목명을 외우는 것이 부담스럽다면 가능하다면 프랑스어와 관련하여 말하는 것이 좋다. 예를 들어 프랑스 문화나 회화수업을 선호하는 반면 문법은 암기해야 할 것도 많고 발음의 경우는 발음 자체가 어렵다는 이유를 들어 선호하지 않는 과목으로 말할 수 있다. 선생님에 관해서는 외모에 대한 이야기보다는 학생들에게 친절하고 이해하기 쉽도록 강의를 잘한다고 말하는 것이 바람직하다.

C :

J'aime beaucoup le cours de français. J'adore surtout le cours de civilisation française parce que je m'intéresse beaucoup à la culture française. Par contre, je n'aime pas le cours de grammaire car elle est trop compliquée et il y a trop de choses à mémoriser. Le professeur du cours de civilisation française est très gentil et il nous encourage quand nous avons des difficultés à suivre le cours.

나는 프랑스어 수업을 아주 좋아합니다. 특히 프랑스어 문화 수업을 아주 좋아하는데 왜냐하면 프랑스 문화에 관심이 많기 때문입니다. 반면에 문법 수업은 그다지 좋아하지 않는데 왜냐하면 너무 복잡하고 외워야 할 것이 많기 때문입니다. 프랑스 문화 수업 선생님은 매우 친절하고 우리가 수업을 쫓아가는데 어려움이 있을 때 우리를 격려해 주십니다.

E :

Ça fait combien de temps étudiez-vous le français ?

프랑스어를 공부한 지 얼마나 되었습니까?

C :

J'apprends le français depuis un an.

1년 전부터 프랑스어를 배우고 있습니다.

E :

Ce n'est pas difficile à apprendre le français ?

프랑스어를 배우는 것이 어렵지 않나요?

C :

Si. La prononciation est difficile et la grammaire est trop compliquée.

어려워요. 발음이 어렵고 문법이 너무 복잡합니다.

ex2 SUJET 2

Le cinéma

Est-ce que vous aimez aller au cinéma ? Pourquoi ? Racontez un film que vous avez vu et dites pourquoi vous l'aimez.

영화

당신은 극장에 가는 것을 좋아합니까? 이유는? 당신이 봤던 영화에 대해 말하고 왜 그 영화를 좋아하는지 말하세요.

핵심

영화는 기호도에서 가장 많이 언급되어지는 주제들 중 하나로서 기본적으로 영화를 좋아한다, 몇 번 간다, 어떤 종류의 영화를 좋아한다, 그리고 그 이유, 좋아하는 배우와 그 이유, 응시자가 보았던 영화 중에 가장 감명 깊게 본 영화의 간략한 스토리와 왜 좋은지 등에 대해 미리 준비해야 한다.

C :

J'adore le cinéma et j'y vais au moins deux fois par semaine. J'aime le cinéma car je peux me détendre en regardant un film. En fait, j'aime presque la plupart des films mais je n'aime pas beaucoup le film d'action car il y a trop de scènes violentes. Par contre, je m'intéresse beaucoup au film pour la famille parce qu'il y a toujours des scènes émouventes.

나는 영화를 아주 좋아해서 일주일에 적어도 두 번 극장에 갑니다. 나는 영화를 보면서 긴장을 풀 수 있기 때문에 영화를 좋아합니다. 사실, 대부분의 영화를 좋아하지만 액션 영화는 그다지 좋아하지 않습니다. 왜냐하면 난폭한 장면들이 너무 많기 때문입니다. 반대로, 가족을 위한 영화에 관심이 많은데 왜냐하면 감동적인 장면들이 항상 있기 때문입니다.

E :

Parlez-moi de votre film préféré.

당신이 좋아하는 영화에 대해 말해 보세요.

C :

Je suis allé(e) voir le film avec ma famille il y a un an. Le titre de ce film était "Intouchables". C'était un film français et il parlait de l'amitié entre un handicapé très riche et un jeune noir. Je l'aimais beaucoup car c'était un film basé sur une vraie histoire. Ça m'a donné une occasion de réfléchir sur l'amitié.

나는 일 년 전에 가족들과 함께 영화를 보러 갔습니다. 영화 제목은 "언터처블"이었습니다. 프랑스 영화로서 매우 부자인 장애인과 젊은 흑인 사이의 우정에 대해 말하고 있었습니다. 나는 이 영화를 아주 좋아했는데 왜냐하면 실화를 바탕으로 한 영화였기 때문입니다. 이것은 나에게 우정에 대해 깊게 생각할 기회를 주었습니다.

E :

Quel acteur ou quelle actrice aimez-vous et pourquoi ?

어떤 배우들을 좋아하며 그 이유는 무엇인가요?

C :

J'adore l'acteur qui s'appelle OOO. C'est un acteur coréen et il n'est pas très beau mais il joue vraiment bien. Et j'aime aussi l'actrice qui s'appelle OOO. Elle est belle et elle joue bien, mais je l'aime parce qu'elle fait beaucoup d'activités pour aider les gens en difficulté.

나는 OOO이라는 배우를 좋아합니다. 한국 배우인데 잘 생기지는 않았지만 연기를 아주 잘합니다. 그리고 OOO이라는 여배우도 좋아합니다. 그녀는 아름답고 연기를 잘하고 특히 어려움에 처한 사람들을 돕기 위해 많은 활동을 하기 때문에 좋아합니다.

ex2 **SUJET 3**

Écoles

Comment allez-vous à l'école ? Elle est loin (près) de chez vous ? Comment est-elle ? Qu'est-ce que vous aimez ou vous n'aimez pas à l'école et pourquoi ?

학교

학교에 어떻게 가십니까? 당신 집에서 먼(가까운)가요? 학교는 어떤가요? 학교에서 좋아하거나 싫어하는 것은 무엇이고 이유는요?

핵심

학교와 관련한 주제는 학교의 위치 (집과의 거리, 교통편), 학습 분위기와 관련한 사항들이 주를 이룬다. 그리고 공부하는데 있어 좋은 환경인지 아니면 나쁜 환경인지와 함께 개선하고 싶은 사항들에 대해서도 질문할 수 있다.

C :

J'étais lycéen(ne) il y a (un) deux ans. Mon école se trouvait à Incheon et j'y allais souvent à pied parce qu'elle était près de chez moi. Elle n'était pas grande mais très agréable. J'ai adoré le petit jardin de l'école parce que j'y lisais un livre ou mes amis et moi s'y parlions souvent. Par contre, on avait beaucoup de problèmes du climatiseur. Il ne fonctionnait pas bien, alors la salle de classe était trop chaude en été.

나는 (일 년) 2년 전에 고등학생이었습니다. 나의 학교는 인천에 있었는데 자주 걸어서 갔는데 왜냐하면 집에서 가까웠기 때문이었습니다. 학교는 크지는 않았지만 매우 편안했습니다. 나는 학교의 작은 정원을 아주 좋아했는데 왜냐하면 그곳에서 독서를 하거나 친구들과 자주 얘기를 했기 때문입니다. 반대로, 우리는 에어콘에 많은 문제가 있었어요. 작동이 잘 되지 않아서 교실은 여름에 너무 더웠어요.

E :

Quelles étaient vos activités préférées ?

당신의 좋아했던 활동들은 무엇이었나요?

C :

Je m'entendais bien avec mes camarades de classe et je jouais souvent au football avec eux après l'école. Ou bien, nous allions au cinéma presque tous les samedis.

나는 학급 친구들과 사이가 좋았고 방과 후에 그들과 자주 축구를 했어요. 그렇지 않으면 거의 매주 토요일에 극장에 가곤 했죠.

C :

J'avais quelques amies qui avaient le même goût avec moi et nous allions souvent au cinéma. Ou bien on allait au café et on se parlait de la vie scolaire ou de la vie quotidienne.

나는 나와 취미가 같았던 몇 몇 친구들이 있었고 우리는 자주 극장에 갔어요. 그렇지 않으면 카페에 가곤 했고 학교 생활이나 일상 생활에 대해 서로 말하고는 했죠.

ex2 **SUJET 4**

Anniversaire

Quelle est votre date de naissance ? Racontez ce que vous faites en général le jour de votre anniversaire. Parlez de votre meilleur anniversaire.

생일 (기념일)

당신의 생년월일은 어떻게 되나요? 보통 당신의 생일날 하는 것을 말하세요. 당신의 최고의 생일에 대해 말해 보세요.

생일과 관련된 주제로서 질문에 생년월일을 묻고 있으므로 이에 대한 것을 먼저 언급해야 한다. 그리고 생일파티와 관련해서는 가족 또는 친구들과 생일날 어떻게 보내는지를 말하는데 생일선물 이야기를 덧붙이는 것이 좋다. 최고의 생일과 관련해서는 가장 인상에 남았던 이야기를 하는데 일상적인 상황에서 벗어나는 기분 좋았던 일을 예로 드는 것이 바람직하다.

C :

Je suis né(e) le 06 juillet (mois) 1995 et j'ai 21 ans maintenant. En général, mes parents me donnent de l'argent pour que je puisse passer la journée de mon anniversaire avec mes amis en ville.

Je me souviens bien du jour de mon anniversaire l'année dernière. Mon ami m'a proposé d'aller chez ses parents à la campagne. On s'est bien reposés à la cabane en mangeant des fruits savoureux. C'était un très beau souvenir et je ne l'oublierai jamais de ma vie.

나는 1995년 7월 6일에 태어났고 이제 21살입니다. 일반적으로, 부모님께서는 내 생일날을 친구들과 시내에서 보낼 수 있게 돈을 주십니다. 작년 내 생일날이 기억납니다. 친구가 시골에 있는 부모님 댁에 가자고 나한테 제안했습니다. 맛있는 과일들을 먹으면서 원두막에서 재미있게 놀았어요. 아주 좋은 추억이었고 내 인생에서 결코 잊지 못할 것입니다.

E :

Qu'est-ce que vous faites avec vos amis le jour de votre anniveraire ?

당신 생일날 친구들과 무엇을 하세요?

C :

On voit un film et après, on dîne au restaurant. Et mes amis m'offrent le cadeau d'anniversaire en me félicitant.

영화를 보고 후에 식당에서 저녁을 먹습니다. 그리고 친구들이 내 생일을 축하하며 선물을 줍니다.

E :

Quel est votre meilleur cadeau d'anniversaire que vous avez reçu et pourquoi ?

당신이 받았던 최고의 생일 선물은 무엇이며 그 이유는요?

C :

C'était le téléphone portable qui m'a plu le plus parmi mes cadeaux d'anniversaire. Mon père est allé au magasin avec moi et il m'a acheté un portable très cher et récent comme cadeau de mon anniversaire. Alors j'étais très content(e) de ce cadeau.

내 생일 선물들 중에 가장 내 마음에 들었던 것은 휴대폰입니다. 아버지께서 나와 함께 상점에 가셔서 내 생일 선물로 아주 비싸고 최신형 휴대폰을 사주셨어요. 나는 이 선물에 대해 매우 만족했습니다.

ex2 **SUJET 5**

Internet

Vous utilisez souvent Internet ? Pour quelle raison ? Quel site Internet préférez-vous et pourquoi ?

인터넷

당신은 인터넷을 자주 사용하나요? 어떠한 경우죠? 어떤 인터넷 사이트를 좋아하고 그 이유는?

핵심

인터넷과 관련한 내용은 자주 등장하는 주제로서 사용빈도 수와 함께 활용도를 언급한다. 그리고 문제에서 인터넷 사이트에 대한 질문이 있기 때문에 일반적으로 검색하는 한국 사이트는 설명하는데 어려움이 있을 수 있기 때문에 가능한 한 교육과 관련한 프랑스 사이트를 거론하는 것이 좋다.

C :

J'utilise souvent Internet pour apprendre le français. C'est très utile quand je fais mes devoirs parce qu'il y a beaucoup d'images ou de clips vidéos. J'utilise surtout le site TV 5 monde et il y a des programmes pour la culture française. Ou bien, je regarde souvent Facebook pour savoir les nouvelles de mes amis.

나는 프랑스어를 배우기 위해 인터넷을 자주 이용합니다. 숙제를 할 때는 매우 유용한데 왜냐하면 많은 이미지와 비디오 클립이 있기 때문입니다. 특히 TV 5 du monde 사이트를 이용하는데 프랑스 문화를 위한 프로그램이 있습니다. 그렇지 않으면 친구들 소식을 알기 위해 페이스북을 자주 봅니다.

E :

Quelle est la difficulté quand vous utilisez le site Internet ?

인터넷 사이트를 이용할 때 어려움은 무엇입니까?

C :

Les sites que j'utilise sont écrits en français et c'est difficile à comprendre. Alors, je demande souvent l'aide au professeur quand je ne comprends pas bien.

내가 애용하는 사이트들은 프랑스어로 써 있어서 이해하기가 어렵습니다. 그래서 내가 이해를 잘 못할 때는 선생님께 자주 도움을 요청합니다.

ex2 **SUJET 6**

Sortie en famille

Est-ce que vous sortez souvent avec votre famille ? Qu'est-ce que vous faites en général avec eux ? Qu'est-ce que vous aimeriez faire avec votre famille ?

가족끼리 외출

당신은 가족과 외출을 자주 하나요? 보통 그들과 무엇을 하나요? 당신의 가족과 하고 싶은 것은 무엇입니까?

핵심

가족과 관련된 질문으로서 가족과 보내는 시간과 무엇을 하며 지내는지, 그리고 어떠한 활동을 했던 것이 기억에 남는지 혹은 어떤 활동을 해보고 싶은 지에 대해 기술한다. 가족의 일원 중 한 명을 정해 남자 응시자는 아버지와 여자 응시자는 어머니와의 함께 하고 싶은 활동을 미리 정해 두는 것이 좋다.

C :

À vrai dire, Je ne passe pas beaucoup de temps avec ma famille parce que je suis trop occupé(e). Pourtant, ma famille essaie de passer le week-end ensemble. Par exemple, il y a un grand parc près de chez moi et on y va le week-end.

솔직히 말하면, 나는 가족과 많은 시간을 보내지 않는데 왜냐하면 나는 너무 바쁘기 때문입니다. 그러나 가족은 주말을 함께 보내려고 노력합니다. 예를 들어 우리 집 가까이에 큰 공원이 있는데 주말에 그 곳에 갑니다.

(1)

Depuis que j'étais petit, je voulais faire une chose avec mon père. Comme nous adorons faire de la bicyclette, je veux voyager ensemble en vélo. Par exemple, on peut aller à Chouncheon qui est à 100 km de Séoul en vélo.

어렸을 때부터 나는 아버지와 하고 싶은 것이 있었어요. 아버지와 나는 자전거 타는 것을 아주 좋아하기 때문에 자전거로 함께 여행하고 싶어요. 예를 들어 자전거를 타고 서울에서부터 100킬로 떨어진 춘천에 갈 수 있죠.

(2)

Depuis que j'étais petite, je voulais faire une chose avec ma mère. Comme elle adore voyager, je veux aller en France ensemble. J'aimerais visiter les monuments célèbres comme tour Eiffel, Arc du Triomphe avec elle.

어렸을 때부터, 나는 어머니와 하고 싶은 것이 있었습니다. 어머니와 나는 여행하는 것을 아주 좋아하니까, 함께 프랑스에 가고 싶어요. 어머니와 함께 에펠탑, 개선문과 같은 유명한 기념물들을 방문하고 싶습니다.

E :

Qu'est-ce que vous voulez faire avec vos enfants quand vous devenez parents ?

당신이 부모가 되었을 때 자녀들과 무엇을 하고 싶은 가요?

C :

J'aimerais surtout passer beaucoup de temps avec mes enfants. Et je vais écouter plus souvent leur problème de la vie scolaire ou personnelle. À mon avis, c'est le rôle le plus important des parents pour leurs enfants.

특히 자식들과 많은 시간을 보내고 싶습니다. 그리고 그들의 학교 생활이나 개인적인 생홀에 대해 좀 더 자주 듣고 싶어요. 내 의견으로는 이것이 자녀들을 위해 부모들에게 가장 중요한 역할이라고 생각합니다.

ex2 **SUJET 7**

Apprendre le français

Depuis quand apprenez-vous le français et pourquoi ? Quelle est votre difficulté pour suivre le cours de français ? Qu'est-ce que vous aimeriez demander au professeur ? Expliquez.

프랑스어 배우기

언제부터 프랑스어를 배웠고 이유는요? 프랑스어 수업을 듣는데 당신의 어려움은 무엇입니까? 선생님께 무엇을 부탁드리고 싶은가요? 설명하세요.

핵심

프랑스어 학습과 관련한 사항은 구술 평가 1번에서도 거의 모든 감독관들이 질문하는 내용이기 때문에 반드시 익혀두어야 한다. 언제부터 프랑스어를 배웠는지, 그리고 배우는 이유는 무엇인지, 이전에 배운 적은 있는지, 프랑스어 공부하는데 어려움은 무엇인지, 수업에서 했으면 좋겠다고 생각하는 점 등을 준비해야 한다.

C :

J'ai appris le français à l'université pour la première fois. J'ai décidé de suivre ce cours parce que je m'intéressais beaucoup à la culture française. C'était difficile au début. La prononciation et la grammaire étaient surtout très difficiles. J'aime beaucoup le cours de civilisation française parce que le professeur nous explique des monuments célèbres par Internet. J'aimerais avoir plus d'occasions de parler en français pendant le cours.

나는 대학에서 처음으로 프랑스어를 배웠습니다. 내가 프랑스 문화를 많이 좋아해서 이 수업을 듣기로 결심했습니다. 처음에는 어려웠어요. 발음과 문법이 특히 매우 어려웠습니다. 나는 프랑스 문화 수업을 아주 좋아하는데 왜냐하면 선생님께서 인터넷을 통해 유명한 기념물들을 설명해 주시기 때문입니다. 나는 수업 동안 프랑스어로 말할 수 있는 더 많은 기회가 있었으면 좋겠어요.

E :

Vous voulez continuer à étudier le français ? Si oui, pourquoi ?

당신은 프랑스어를 계속 공부하기를 원하나요 ? 만일 그렇다면 이유는요?

C :

J'aimerais devenir professeur de français et je voudrais aller en France pour continuer mes études après l'université.

나는 프랑스어 선생님이 되고 싶고 대학을 졸업 후에 공부를 계속하기 위해 프랑스에 가고 싶습니다.

ex2 **SUJET 8**

Rencontrer les amis

Où est-ce que vous rencontrez souvent vos amis ? Et pourquoi ? Qu'est-ce que vous faites le week-end avec eux ? Expliquez.

친구들과 만나기

친구들을 어디서 자주 만납니까? 그리고 그 이유는요? 주말에 친구들과 무엇을 합니까? 설명하세요.

실제의 일상생활과 밀접하게 관련되어 있는 사항으로서 평일에는 학교생활이나 직장생활을 같이 하기 때문에 주로 친구들과 주말에 만나서 하는 활동들이나 방학 또는 휴가 중에 하는 것에 대해 준비해야 한다.

C :

Comme je travaille à l'école (au bureau) du lundi au vendredi, je suis très fatigué(e). Alors, j'essaie de sortir de la maison le week-end pour me détendre. Mes amis et moi, on voit un film, après on va au café et on se parle de l'étude (du travail) ou bien de la vie quotidienne.

월요일부터 금요일까지 학교(사무실)에서 공부를 하기 때문에 매우 피곤합니다. 그래서 긴장을 풀기 위해 주말에 외출하려고 노력합니다. 내 친구들과 나는 영화를 보고 카페에 가서 공부(일) 또는 일상생활에 대해 말합니다.

(1)

S'il fait beau, on joue au football parce qu'on a besoin de faire du sport pour être en pleine forme.

날씨가 좋으면 축구를 하는데 왜냐하면 컨디션을 유지하기 위해서는 운동을 해야 할 필요가 있기 때문입니다.

(2)

S'il fait beau, on va au magasin pour faire du shopping. Je pense que faire du shopping est aussi une bonne activité pour les filles parce qu'on peut se détendre en choisissant des habits ou des accessoires.

날씨가 좋으면 우리는 쇼핑을 하기 위해 상점에 갑니다. 쇼핑하는 것은 여자애들한테는 좋은 활동이라고 생각하는데 왜냐하면 옷이나 악세서리를 고르면서 긴장을 풀 수 있기 때문입니다.

E :

Quelle est votre activité préférée et pourquoi ? 당신이 좋아하는 활동은 무엇이고 그 이유는요?

C :

(1)

Personnellement, j'adore voyager. Tout d'abord, je peux découvrir ou apprendre beaucoup de choses en voyageant les pays inconnus. Comme je suis étudiante, je suis souvent stressée à cause des examens et j'ai besoin de me détendre. Et puis, on peut goûter plein de plats régionaux.

개인적으로는 여행하는 것을 아주 좋아합니다. 우선 알지 못하는 나라들을 여행하면서 많은 것을 발견하거나 배울 수 있습니다. 나는 학생이기 때문에 시험 때문에 스트레스를 자주 받는데 긴장을 풀 필요가 있습니다. 그리고 많은 지역 음식들을 맛볼 수 있습니다.

(2)

J'adore me promener. Il y a un parc près de chez moi, alors, j'essaie de me promener le plus souvent possible. Je peux me reposer en prenant l'air pur et je marche avec ma famille le dimanche. Ça me fait du bien parce que j'ai aussi besoin de faire du sport pour garder la bonne santé.

나는 산책하는 것을 아주 좋아합니다. 집 가까이에 공원이 있어서 최대한 자주 산책을 하려고 노력합니다. 맑은 공기를 마시면서 휴식을 취할 수 있고 일요일이면 가족과 함께 걷습니다. 건강을 유지하기 위해서는 운동이 필요하기 때문에 이것이 좋습니다.

ex2 **SUJET 9**

L'école ou le travail

Qu'est-ce que vous faites dans la vie ? Qu'est-ce que vous pensez de votre lieu de travail ? Vous aimez cet endroit ? Pourquoi ? Sinon, dites ce que vous n'aimez pas dans ce lieu.

학교 또는 직장

당신의 직업은 무엇입니까? 당신의 근무지에 대해 당신은 어떻게 생각하세요? 이 장소를 좋아합니까? 이유는요? 그렇지 않으면 이 장소에서 당신이 싫어하는 것에 대해 말하세요.

응시자가 학생인가 아니면 직장인인가에 따라 구분하여 준비해야 한다. 학생의 경우 몇 학년이고 학교에서 좋아하는 곳을 말하고 좋아하지 않는 곳은 시설과 관련한 부분을 언급하는 것이 좋다. 직장인의 경우는 동료들과의 사무실 분위기가 가족적이라 좋다고 말하고 맘에 들지 않는 곳으로는 운동을 할 수 있는 체력단련실에 기구들이 낡았다는 정도로 기술한다.

C :

(1)

Je suis étudiant(e) en première (deuxième) année du département français. J'aime mon université parce qu'il y a un beau campus. Mes amis et moi, on se promène souvent quand il fait beau. Par contre, je n'aime pas beaucoup la salle de classe. Il fait trop froid en hiver parce que le chauffage ne marche pas bien.

나는 프랑스어과 1(2)학년 학생입니다. 나는 내 대학교를 좋아하는데 왜냐하면 아름다운 캠퍼스가 있기 때문입니다. 내 친구들과 나는 날씨가 좋으면 산책을 자주 합니다. 반대로, 나는 강의실을 좋아하지 않는데 왜냐하면 난방이 잘 되지 않아서 겨울에는 춥기 때문입니다.

(2)

Je travaille dans une entreprise depuis deux ans. J'aime mon bureau parce que je m'entends bien avec mes collègues dans une ambiance familiale. En revanche, je n'aime pas la salle de gym parce que les matériels sont trop vieux.

나는 2년 전부터 회사에 다니고 있습니다. 나는 사무실을 좋아하는데 왜냐하면 가족적인 분위기 속에서 동료들과 잘 지내고 있기 때문입니다. 반면에 체력단련실을 좋아하지 않는데 왜냐하면 장비들이 너무 낡았기 때문입니다.

E :

Qu'est-ce que vous faites à votre école quand vous êtes libre ?

시간이 있을 때 학교에서 무엇을 합니까?

C :

Je déjeune souvent avec mes amis à la cantine. Ou bien on se promène et on se parle de la vie quotidienne ou de l'émission de télé.

친구들과 학생식당에서 점심을 먹습니다. 그렇지 않으면 산책하면서 일상생활이나 텔레비전 방송에 대해 서로 이야기합니다.

E :

Qu'est-ce que vous faites à votre travail quand vous êtes libre ?

시간이 있을 때 직장에서 무엇을 합니까?

C :

Je fais du sport avec mes collègues ou je prends souvent un verre avec eux. C'est le moment agréable pour moi car on peut se détendre en faisant ce genre d'activité.

나는 동료들과 운동을 하거나 그들과 술을 자주 먹습니다. 나한테는 좋은 순간인데 왜냐하면 이런 활동을 하면서 긴장을 풀 수 있기 때문입니다.

ex2 **SUJET 10**

Faire du shopping

Où est-ce que vous faites du shopping ? Qu'est-ce que vous achetez en général ? Vous avez déjà acheté quelque chose sur Internet ? Si oui, expliquez pourquoi vous l'utilisez pour faire des achats.

쇼핑하기

당신은 어디에서 쇼핑을 하나요? 일반적으로 무엇을 삽니까? 인터넷에서 무엇인가를 이미 산 적이 있나요? 그렇다면 구매를 하기 위해 왜 인터넷을 이용하는데 설명하세요.

핵심

인터넷 이야기가 언급되는 만큼 감독관은 거의 인터넷의 장점과 단점에 대해 물어볼 확률이 높다. 따라서 이에 대해 간략하게 미리 준비를 해 두어야 한다. 감독관의 질문을 예상한다면 먼저 인터넷 구매에 대한 장점만을 말한다. 그러면 감독관은 인터넷의 단점에 대해 물을 것이기 때문이다. 쇼핑과 관련해서는 자신이 알고 있는 물건에 관한 어휘를 생각해둬야 하는데 의류 종류가 가장 무난하다.

C :

Je fais du shopping dans le centre commercial parce que c'est tout près de chez moi. En général, j'y vais avec mes amis. J'ai déjà acheté des vêtements sur Internet. Il y a beaucoup d'avantages pour le moyen d'achat par Internet. Tout d'abord, on peut acheter des marchandises beaucoup moins cher. Et puis, on peut aussi gagner du temps parce qu'on n'a pas besoin d'aller au magasin.

나는 상점가에서 쇼핑을 하는데 왜냐하면 집에서 가깝기 때문입니다. 일반적으로, 그 곳에 내 친구들과 갑니다. 인터넷에서 의류를 산 적이 있습니다. 인터넷을 통한 구매방법에는 많은 장점이 있습니다. 무엇보다도 먼저, 물건들을 훨씬 싼 가격에 살 수 있습니다. 그리고 시간을 절약할 수 있는데 왜냐하면 상점에 갈 필요가 없기 때문입니다.

E :

À votre avis, quel est le problème à propos des achats sur Internet ?

당신 의견에 인터넷을 통한 구매에 관한 문제는 무엇인가요?

C :

Par exemple, ça prend des jours pour recevoir des marchandises commandées. Et une fois qu'on achète quelque chose, il n'est pas facile d'échanger s'il y a des problèmes sur la marchandise. Et il peut y avoir la différence entre la marchandise réelle et celle que l'on a commandée.

예를 들어 주문한 물건들을 받는데 며칠이 걸립니다. 그리고 일단 무엇인가를 사면 물건에 문제가 있을 때 교환하기가 쉽지 않습니다. 그리고 실제 물건과 주문한 물건 사이에 차이가 있을 수 있어요.

ex2 **SUJET 11**

Repas

Où est-ce que vous déjeunez (dînez) ? Avec qui ? Quel est votre plat préféré ? Dites ce que vous ne mangez pas et pourquoi.

식사

어디서 저녁을 먹나요? 누구와 먹나요? 당신의 좋아하는 식사는 무엇인가요? 당신이 먹지 않는 것과 그 이유를 말하세요.

식사와 관련한 문제로서 아침, 점심, 저녁 식사 중 아침 식사는 최근에는 동, 서양 다 간단하게 먹기 때문에 점심 식사나 저녁 식사에 대해 물을 확률이 높다. 점심 식사의 장소는 학교나 직장에 있는 구내식당으로 한정하고 저녁 식사는 식당이나 집을 이야기한다. 메뉴와 관련해서는 좋아하는 음식과 싫어하는 음식을 정하고 그 이유도 생각해 둬야 한다.

감독관의 질문에는 요리를 잘 하는지, 어떤 음식을 잘 하는지에 대해 물어볼 확률이 높다. 따라서 요리를 잘한다고 말하기 보다는 잘은 못한다고 말하고 간단한 음식을 말하는 것이 바람직하다.

C :

Je déjeune souvent avec mes amis à la cantine à midi. Le repas d'ici n'est pas bon mais ce n'est pas cher. D'ailleurs, quand il pleut, il est plus pratique de manger à la cantine. Il n'y a pas beaucoup de menus, alors je mange du riz avec des plats d'accompagnement. J'adore la pizza parce que c'est trop bon. Je la commande quand je reste à la maison. Par contre, je n'aime pas trop la viande car c'est trop grasse.

나는 정오에 학교 식당에서 친구들과 점심을 자주 먹습니다. 이곳의 식사는 맛있지는 않지만 비싸지 않습니다. 게다가, 비가 올 때는 학교 식당에서 먹는 것이 실용적입니다. 메뉴가 많지 않아서 밥과 반찬을 먹습니다. 피자를 아주 좋아하는데 왜냐하면 너무 맛있기 때문입니다. 나는 집에 있을 때는 피자를 시킵니다. 반대로, 고기를 그다지 좋아하지 않는데 왜냐하면 너무 기름지기 때문입니다.

E :

Vous cuisinez bien ? Si oui, quel plat est votre spécialité ?

당신은 요리를 잘 하나요? 만일 그렇다면, 어떤 음식이 당신의 전문입니까?

C :

À vrai dire, je ne suis pas un bon cuisinier. Je fais la cuisine quelquefois quand j'invite mes amis à dîner à la maison. Ma spécialité est le BiBimbab et heureusement, ils l'adorent.

솔직히 말하면, 나는 좋은 요리사는 아닙니다. 가끔, 집에 저녁식사에 친구들을 초대할 때 요리를 합니다. 내 전문은 비빔밥인데 다행히 친구들이 그것을 아주 좋아합니다.

ex2 SUJET 12

Balade

Vous vous promenez souvent ? Où est votre lieu préféré ? Avec qui promenez-vous en général ? Dites ce que vous faites pendant la promenade.

산책

당신은 산책을 자주 하나요? 당신이 좋아하는 장소는 어디인가요? 일반적으로 누구와 산책을 하십니까? 산책 동안에 당신이 하는 것에 대해 말하세요.

핵심

산책과 관련한 문제로서 감독관의 질문은 왜 산책을 하는지에 대한 이유에 초점이 맞춰질 확률이 높은데 왜냐하면 문제 자체에 산책하는 장소와 사람, 그리고 무엇을 하는지에 대한 내용이 포함되어 있기 때문이다. 산책하는 이유로는 긴장을 풀 수 있고 맑은 공기를 마실 수 있다는 정도로 말하면 된다.

C :

J'adore me promener. Il y a un parc près de chez moi, alors, j'essaie de me promener le plus souvent possible. Je peux me reposer ou me détendre en prenant l'air frais. En général, je me balade avec mon (ma) frère (sœur) et on lit ou bien on se parle de la vie quotidienne.

나는 산책하는 것을 아주 좋아합니다. 집 가까기에 공원이 있어서 최대한 자주 산책하려고 노력합니다. 신선한 공기를 마시며 휴식을 취하거나 긴장을 풉니다. 보통은 내 형제(자매)와 산책을 하며 독서를 하거나 일상생활에 대해 서로 말합니다.

E :

Pourquoi aimez-vous faire une promenade ?

왜 산책을 좋아하시나요?

C :

Je peux non seulement me reposer mais aussi garder la bonne santé. Comme je travaille devant l'ordinateur toute la journée, j'ai besoin de faire du sport.

휴식을 취할 수 있을 뿐 아니라 건강을 유지할 수 있습니다. 하루 종일 컴퓨터 앞에서 일하기 때문에 나는 운동을 할 필요가 있어요.

ex2 **SUJET 13**

Camarades ou collègues

Parlez de votre camarade (collègue). Vous vous entendez bien avec lui (elle) ? Depuis quand le (la) connaissez-vous ? Décrivez son physique et son caractère.

급우나 동료

당신의 친구 (동료)에 대해 말하세요. 그와 사이가 좋은가요? 언제부터 그를 알고 있나요? 그의 외모와 성격에 대해 말해보세요.

학교 친구나 직장 동료에 관한 문제로서 감독관의 추가 질문에서는 친구(동료)와 무엇을 하며 지내는지에 대한 활동과 그의 장점과 단점에 대해 물을 확률이 높다. 특히 단점인 경우 너무 심각한 내용을 언급하기 보다는 일상생활과 관련한 실수를 유발하는 것을 언급하는 것이 좋다.

C :

(1)

J'ai une amie qui s'appelle XXX et je l'ai rencontrée quand j'étais en première année de l'université. Elle n'est pas grande mais très jolie. Elle a les cheveux très longs. Je l'aime parce qu'elle est très gentille avec moi. Et puis, elle et moi, nous aimons le cinéma et on y va deux fois par mois.

나는 XXX라고 불리는 여자 친구가 있는데 대학교 1학년 때 만났습니다. 그녀는 키가 크지는 않지만 예쁩니다. 그녀는 긴 머리 모양을 하고 있습니다. 그녀는 나에게 매우 친절하기 때문에 나는 그녀를 좋아합니다. 그리고 그녀와 나는 영화를 좋아해서 우리는 한 달에 두 번 극장에 갑니다.

(2)

J'ai un collègue qui s'appelle XXX et ça fait 3 ans que je le connais. Il n'est ni grand ni beau, mais il a un beau sourire. Il m'a beaucoup aidé quand j'étais un nouveau employé. Lui et moi, nous aimons le sport et on joue au tennis deux fois par semaine.

나는 XXX라고 불리는 동료가 있는데 그를 안지 3년이 되었습니다. 그는 키가 크지도 잘 생기지도 않았지만 아름다운 미소를 띠고 있습니다. 그는 내가 신입사원이었을 때 나를 많이 도와주었습니다. 그와 나는 운동을 좋아해서 우리는 한 달에 두 번 테니스를 칩니다.

E :

Quel est son avantage et son défaut ?

그의 장점과 단점은 무엇입니까?

C :

Il a du caractère très doux et il ne se met jamais en colère. Et puis, il n'hésite pas à aider quelqu'un en difficulté. Par contre, il est souvent en retard au rendez-vous. Je l'attends quelquefois plus de 30 minutes et on a raté un film la semaine dernière à cause de son retard.

그는 부드러운 성격을 가지고 있어서 결코 화를 내지 않습니다. 그리고 어려움에 처한 누군가를 도와주는데 망설이지 않습니다. 반면에, 그는 약속에 자주 늦어요. 때때로 30분 이상 그를 기다리는데 지난 주에는 그의 지각 때문에 영화를 놓쳤어요.

ex2 **SUJET 14**

Saison

Quel saison aimez-vous et pourquoi ? Qu'est-ce que vous faites en général à cette saison et quelle est votre tenue ?

계절

당신은 어떤 계절을 좋아하고 그 이유는 무엇입니까? 이 계절에 주로 무엇을 하며 당신의 복장은 어떻습니까?

핵심

계절에 관한 질문으로서 응시자는 계절의 차이가 뚜렷한 여름이나 겨울을 선택하는 것이 바람직한데 왜냐하면 기상적인 이유를 통해 선호도를 밝힐 수 있기 때문이다. 그리고 활동과 관련해서는 여름에 바다나 해변에서 해수욕을, 겨울은 산에서 스키를 탄다고 설명하면 된다. 복장을 언급하기 위해 기본적인 어휘들을 미리 숙지해야 한다. 감독관의 추가 질문은 그 계절에 하는 활동과 관련해 안전 문제를 물어볼 수 있다.

C :

(1)

J'aime bien l'hiver parce qu'il fait froid et il neige beaucoup pour faire du ski. Je vais à la station de ski avec mes amis pendant les vacances d'hiver. Je porte le chapeau et je mets des gants, surtout des vêtements épais.

나는 겨울을 아주 좋아하는데 왜냐하면 춥고 스키를 탈 수 있을 정도로 눈이 많이 오기 때문입니다. 나는 겨울 방학(휴가) 동안 친구들과 스키장에 갑니다. 모자를 쓰고 장갑과 특히 두터운 옷들을 입습니다.

(2)

J'aime l'été parce que je déteste le froid. Il fait chaud et il pleut beaucoup en été. Je vais à la mer avec mes amis pendant les vacances d'été. On se baigne sur la plage et on joue au ballon. Je mets souvent des T-shirts et des pantalons légers.

나는 여름을 좋아하는데 왜냐하면 추위를 싫어하기 때문입니다. 여름에는 덥고 비가 많이 옵니다. 나는 여름 방학(휴가) 때면 친구들과 바다에 갑니다. 우리는 해변가에서 해수욕을 하고 공놀이를 합니다. 나는 티셔츠와 가벼운 바지를 자주 입습니다.

E :

Vous faites bien du ski ? Vous nagez bien ?

스키를 잘 타나요? 수영을 잘 하세요?

C :

(1)

Pas vraiment. J'avais très peur quand j'ai commencé à apprendre à skier. Mais c'est un sport très sûr. Pourtant, il faut bien équiper comme des gants, une tenue de ski, etc.

그렇지는 않아요. 스키타는 법을 배우기 시작했을 때는 매우 무서웠어요. 그렇지만 매우 안전한 운동입니다. 그래도 장갑, 스키복 같이 장비를 잘 차려야 합니다.

(2)

Pas vraiment. J'avais très peur quand j'ai commencé à apprendre à nager. Mais c'est un sport très sûr. Pourtant, il faut faire des exercices préparatoires avant d'entrer dans l'eau.

그렇지는 않아요. 수영하는 법을 배우기 시작했을 때는 매우 무서웠어요. 그렇지만 매우 안전한 운동입니다. 그래도 물에 들어가기 전에 준비운동을 해야 합니다.

ex2 **SUJET 15**

Livres

Est-ce que vous vous intéressez à la lecture ? Quel genre de livre lisez-vous ? Vous achetez des livres à la librairie ou vous en empruntez à la bibliothèque ? Quel est votre livre préféré ?

서적들

독서에 관심이 있습니까? 어떤 종류의 책을 읽나요? 서점에서 책을 삽니까 아니면 도서관에서 빌립니까? 당신의 선호하는 책은 무엇인가요?

독서와 관련된 문제로서 먼저 독서를 좋아하는지 싫어하는지를 밝혀야 한다. 이때 뒤에 잇따르는 질문에 답을 하기 위해서는 독서를 좋아한다는 쪽으로 말하는 것이 좋다. 그리고 책의 종류에 대해서는 수필이나 소설, 시로 범위를 정하고 왜 그런 유형을 좋아하는지에 대해서도 언급한다. 또한 책은 서점에서 사는 것 보다는 도서관에서 빌린다고 하는 것이 바람직한데 왜냐하면 그래야 책이 비싸서 사기에 부담된다는 이유를 밝힐 수 있기 때문이다. 마지막으로는 책 하나를 정해서 간략하게 그 내용에 대해 준비하여 말한다.

C :

J'aime lire depuis que j'étais petit(e) et je lis souvent l'essai parce que ce n'est pas très difficile à comprendre et ce n'est pas trop épais. J'achète des livres par Internet car c'est moins cher et je n'ai pas besoin d'aller à la librairie. Quand je n'ai pas de l'argent pour acheter des livres, je vais souvent à la bibliothèque pour emprunter des livres. J'ai récemment lu le livre "le moyen de vivre heureusement". J'aime ce livre parce qu'il nous fait sentir que ça vaut la peine de vivre même si on est dans une situation difficile.

나는 어렸을 때부터 독서를 좋아하고 수필을 자주 읽는데 왜냐하면 이해하는데 크게 어렵지 않고 너무 두껍지 않기 때문입니다. 나는 인터넷으로 책들을 사는데 왜냐하면 덜 비싸고 서점에 갈 필요가 없기 때문이에요. 책 살 돈이 없을 때는 책들을 빌리기 위해 도서관에 자주 갑니다. 나는 최근 "행복하게 사는 방법"이라는 책을 읽었습니다. 나는 이 책을 좋아하는데 왜냐하면 이 책은 우리가 어려운 상황 속에 있더라도 살만한 가치가 있다는 것을 우리에게 깨닫게 해주기 때문입니다.

E :

Combien de livres lisez-vous par mois ?

한 달에 몇 권의 책을 읽습니까?

C :

J'essaie de lire des livres au moins 3 livres par mois, mais ce n'est pas facile parce que j'ai beaucoup de devoirs à faire.

적어도 한 달에 3권의 책을 읽으려고 노력하지만 쉽지가 않는데 왜냐하면 해야 할 숙제가 많기 때문입니다.

ex2 **SUJET 16**

Concerts

Avez-vous beaucoup d'occasions de voir des concerts ? Quel genre de concerts préférez-vous et pourquoi ? Parlez d'un concert qui vous a plu.

공연들

당신은 공연들을 볼 기회가 많은가요? 어떤 종류의 공연들을 선호하고 그 이유는요? 당신 마음에 들었던 공연에 대해 말해보세요.

공연과 관련한 내용으로서 우선 친구들과 공연을 보러 간다고 하고 말하는데 정적인 공연보다는 활동적인 공연을 선택하고 그 이유로 긴장이나 스트레스를 풀 수 있기 때문이라고 말한다. 그리고 기억할 만한 공연으로는 공연한 주인공과의 뜻밖의 만남을 예로 들면서 잊지 못할 추억이었다는 식으로 끝을 맺는다.

C :

J'aime beaucoup sortir avec mes amis et on va souvent voir le concert de rock. Je l'adore parce qu'on peut se détendre en criant ou dansant. Il y avait un concert du chanteur très célèbre samedi dernier et j'y suis allé(e) avec mes amis. Après le concert, je l'ai croisé à la sortie et je lui ai demandé un autographe. Il a même pris une photo avec moi. C'était un grand concert et je n'oublierai jamais ce souvenir.

나는 친구들과 외출하는 것을 좋아하고 락 콘서트를 자주 보러 갑니다. 나는 이것을 좋아하는데 왜냐하면 소리를 지르거나 춤을 추면서 긴장을 풀 수 있기 때문입니다. 지난 주 토요일에 유명한 가수 공연이 있었는데 나는 친구들과 그 곳에 갔습니다. 공연 후에 나는 출구에서 그와 마주쳤고 그에게 사인을 부탁했어요. 그는 심지어 나와 함께 사진도 찍었습니다. 대단한 공연이었고 이 추억을 결코 잊지 않을 거에요.

E :

Quel chanteur ou quelle chanteuse aimez-vous et pourquoi ?

어떤 가수를 좋아하고 그 이유는 뭐죠?

C :

J'aime le groupe qui s'appelle OO. C'est un groupe de Hippop et j'adore surtout OO. Il est rappeur mais il compose aussi. Il n'est pas grand mais il est plutôt mignon. Je pense que c'est un génie.

나는 OO이라는 그룹을 좋아해요. 힙합 그룹인데 특히 OO을 좋아합니다. 그는 랩퍼지만 작곡도 해요. 키가 크지는 않지만 귀여운 편입니다. 나는 그가 천재라고 생각합니다.

ex2 **SUJET 17**

Cadeau d'anniversaire

Qu'es-ce que vous achetez comme cadeau d'anniversaire ? Où est-ce que vous l'achetez et pourquoi ? Quel était le meilleur cadeau que vous avez offert à votre ami ?

생일선물

생일선물로 무엇을 삽니까? 어디서 사며 그 이유는요? 당신이 친구에게 주었던 최고의 선물을 무엇입니까?

생일 선물과 관련한 문제로서 주의해야 할 사항은 내가 선물을 받는 경우가 아니라 주는 것이라는 점이다. 생일선물 종류에 대해서는 경우에 따라 다르다고 하고 부모와 친구의 예를 든다. 그리고 선물 구입 장소는 인터넷을 언급하고 선택의 폭이 다양하고 값이 싸다는 이유를 든다. 마지막으로 최고의 선물로 가격이 비싼 것 보다 정성을 들여 만든 선물의 예를 든다.

C :

J'achète des cadeaux pour l'anniversaire de ma famille ou mes amis. J'achète un bouquet de fleurs pour ma mère parce qu'elle l'adore. Et j'offre des livres pour mes amis. L'année dernière, j'ai fait du gâteau d'anniversaire moi-même pour mon amie et il était très content. J'achète souvent des cadeaux sur Internet parce que c'est moins cher et je peux gagner du temps.

나는 가족이나 친구들의 생일을 위한 선물들을 삽니다. 어머니를 위해서는 꽃다발을 사는데 왜냐하면 어머니가 그것을 아주 좋아하시기 때문입니다. 그리고 친구들을 위해서는 책들을 선물합니다. 작년에 친구를 위해 생일 케이크를 직접 만들었는데 그가 매우 만족스러워 했습니다. 나는 인터넷에서 선물들을 자주 사는데 왜냐하면 가격이 덜 비싸고 시간을 벌 수 있기 때문입니다.

E :

Qu'est-ce que vous faites en général le jour de l'anniveraire de votre ami ?

친구 생일날에 보통 무엇을 하나요?

C :

On va au cinéma ou bien au parc d'attraction. Après, on va au restaurant pour dîner. On prend quelquefois un verre et on va à 노래방.

극장에 가거나 놀이공원에 갑니다. 그리고 나서 저녁을 먹기 위해 식당에 가요. 때때로 술 한잔 하고 노래방에 갑니다.

ex2 **SUJET 18**

Votre étude ou votre travail

Parlez de l'étude ou du travail que vous faites maintenant ou que vous aimeriez faire plus tard. Vous aimez votre étude ou votre travail ? Pourquoi ? Quelles sont les difficultés de votre étude ou votre travail ?

당신의 공부 또는 일

당신이 지금 하고 있는 공부나 일에 대해 말하거나 나중에 당신이 하고 싶은 공부나 일에 대해 말하세요. 당신의 공부나 일을 좋아하나요? 그 이유는요? 당신의 공부나 일의 어려움들은 무엇입니까?

핵심

학생의 경우 대학에서의 전공을, 직장인인 경우에는 다니고 있는 회사에 대해 말한다. 지금 하고 있는 일에서 좋은 점과 어려운 점을 이야기하고 앞으로 하고 싶은 것에 대해 말한다.

C :

(1)

Ça prend un an que j'apprends le français à l'université et je voudrais être professeur de français. J'aime la culture française et j'aimerais continuer mes études en France. Le professeur est Française et elle est très gentille avec nous. J'aime ce cours parce que je peux pratiquer les expressions que j'apprends dans la vie quotidienne. Mais la grammaire est très difficile pour moi.

대학교에서 프랑스어를 배운지 1년이 되었고 나는 프랑스어 선생님이 되고 싶어요. 나는 프랑스 문화를 좋아하고 프랑스에서 공부를 계속하고 싶습니다. 선생님은 프랑스 여성인데 우리에게 매우 친절하세요. 나는 이 수업을 좋아하는데 왜냐하면 내가 일상생활에서 배운 표현들을 활용할 수 있기 때문입니다. 그렇지만 문법은 나한테 매우 어려워요.

E :

À votre avis, quel est l'avantage si on apprend le français ?

당신 의견에 프랑스어를 배우면 어떤 장점이 있죠?

C :

Le français est l'une des langues qu'on utilise le plus dans le monde entier. Alors, elle est très utile quand on voyage le pays étranger.

프랑스어는 세계에서 가장 많이 사용하는 언어들 중 하나입니다. 그래서 외국을 여행할 때 매우 유용합니다.

(2)

Je travaille dans une société d'informatique depuis 2 ans. Elle n'est pas grande mais je m'entends bien avec mes collègues et on travaille dans une ambiance familiale. J'aime mon travail mais je suis toujours fatigué parce que je travaille toute la journée devant l'ordinateur. J'aimerais avoir ma propre compagnie dans 10 ans.

나는 2년 전부터 정보처리회사에서 근무하고 있습니다. 회사가 크지는 않지만 동료들과 잘 지내고 있고 우리는 가족적인 분위기에서 일하고 있어요. 내 일을 좋아하지만 하루 종일 컴퓨터 앞에서 일하기 때문에 늘 피곤합니다. 나는 10년 뒤에 내 회사를 갖고 싶습니다.

E :

Qu'est-ce que vous faites pour vous détendre ?

당신은 긴장을 풀기 위해 무엇을 하나요?

C :

J'essaie de faire du sport le plus souvent possible. Et puis, je rencontre des amis le week-end et on prend un verre de temps en temps.

최대한 자주 운동을 하려고 노력합니다. 그리고 주말에는 친구들을 만나고 가끔 술 한잔 합니다.

ex2 **SUJET 19**

Loisirs

Quel est votre loisir préféré ? Pourquoi ? Où est-ce que vous le faites ? Avec qui ? Combien de temps faites-vous du loisir par semaine ?

여가활동

당신의 좋아하는 여가활동은 무엇인가요? 어디서 그것을 하시나요? 누구와 함께요? 일주일에 얼마나 여가활동을 하나요?

여가활동에 관한 문제로서 운동이나 영화 감상과 같은 취미 생활을 정한다. 이때 좋아하는 활동이 포함되는 큰 틀을 먼저 이야기하고 그 후에 그 중에서도 구체적으로 무엇을 좋아하는지를 밝히는 방식이 더 논리적으로 보일 수 있다. 왜 좋아하는지 그리고 장소와 함께 하는 사람을 밝힌다. 대화의 진행 상 마지막 질문에 해당하는 사항은 끝에 하기 보다는 앞 쪽에서 하는 것이 좋다.

C :

J'aime le sport et j'adore surtout faire du jogging. Je l'aime parce que je peux me détendre et prendre l'air frais au parc. Je fais ce sport tous les matins du lundi au vendredi avant d'aller à l'école (au travail) car il n'y a pas beaucoup de monde à cette heure-ci. En général, je fais du jogging tout seul mais je le fais quelquefois avec ma sœur.

나는 운동을 좋아하는데 특히 조깅하는 것을 아주 좋아합니다. 내가 조깅을 좋아하는 이유는 긴장을 풀 수 있고 공원에서 맑은 공기를 마실 수 있기 때문입니다. 나는 학교(직장)에 가기 전 월요일부터 금요일 매일 아침 이 운동을 하는데 왜냐하면 이 시간에는 사람이 많지 않기 때문입니다. 보통은 혼자 조깅을 하지만 때때로 누이와 함께 하기도 합니다.

E :

Qu'est-ce que vous faites s'il pleut ?

비가 오면 무엇을 합니까?

C :

Je rencontre mes amis. On va au cinéma ou on prend un café après le déjeuner. Ou bien, je regarde la télé avec ma famille.

친구들을 만나요. 극장에 가거나 점심을 먹고 난 후 커피를 마십니다. 그렇지 않으면, 가족과 함께 텔레비전을 봅니다.

ex2 **SUJET 20**

La vie quotidienne

Quand est-ce que vous vous sentez heureux(se) dans la journée et pourquoi ?

Qu'est-ce que vous faites à ce moment-là ?

일상생활

하루 중에 언제 가장 행복하다고 느끼세요? 그 이유는요? 그 순간에 무엇을 하세요?

하루 일과와 관련한 문제로서 하루 일과 중에 가장 행복한 순간에 대해 말하고 왜 그런지 이유를 밝힌다. 그리고 이때 하는 활동이나 행동이 무엇인지를 언급한다. 학생과 직장인을 구분하여 학생의 경우는 학교에서, 직장인의 경우는 직장에서 찾을 수 있는 활동에 대해 말한다.

C :

(1)

Je suis étudiant(e) et je suis très heureux(se) quand Je déjeune avec mes amis à la cantine. Je suis fatigué(e) parce qu'il y trop de cours et je peux me détendre en déjeunant avec mes amis. On se parle des cours ou de l'émission de télé.

나는 학생인데 학생식당에서 친구들과 점심을 먹을 때 매우 행복합니다. 나는 수업이 너무 많아 피곤한데 친구들과 점심을 먹으며 긴장을 풀 수 있습니다. 우리는 수업이나 텔레비전 방송에 대해 서로 이야기 합니다.

(2)

Je travaille dans une grande entreprise et je n'ai pas le temps de me reposer à cause du travail surchargé. Mes amis et moi prenons un verre après le travail et c'est le moment le plus agréable pour moi. On se parle du travail ou du sport.

나는 대기업에서 일하는데 과중한 업무 때문에 쉴 시간이 없습니다. 나와 동료들은 퇴근 후 술 한잔을 하는데 내게는 가장 편안한 시간입니다. 우리는 업무 또는 스포츠에 대해 이야기합니다.

E :

Quel est le moment le plus difficile dans votre journée ?

하루 중에 가장 힘든 순간은 ?

C :

C'est le cours (travail) qui commence juste après le déjeuner parce qu'il est très difficile à résister contre le sommeil.

점심 식사 후에 바로 시작하는 수업(일)인데 왜냐하면 잠을 참기가 너무 힘들기 때문이에요.

ex2 SUJET 21

Moyen de transport

Quel transport utilisez-vous pour aller à l'école ou au travail ? Pourquoi ? Qu'est-ce que vous faites quand vous êtes dans le transport ?

교통수단

학교나 직장에 갈 때 어떤 교통을 이용하세요? 이유는요? 교통 수단 안에서 당신은 무엇을 하나요?

교통수단과 관련된 문제로서 먼저 버스나 지하철을 예로 드는 것이 좋은데 왜냐하면 걷거나 자전거를 이용하는 경우 교통수단을 이용하면서 그 시간에 무엇을 하는지에 대한 답변이 마땅치 않기 때문이다.

C :

Je vais souvent à l'école (au travail) en bus. Je sais bien que le métro est rapide mais on ne peut pas voir le paysage de l'extérieur si on utilise ce moyen de transport. J'aime regarder le paysage par la fenêtre du bus. C'est la raison pour laquelle je prends le bus tous les jours pour aller à l'école (au travail).

나는 버스로 학교(직장)에 자주 갑니다. 나는 버스 창문을 통해 풍경을 보는 것을 좋아합니다. 지하철이 빠르다는 것을 잘 알지만 이 교통수단을 이용하면 외부 풍경을 볼 수가 없습니다. 이러한 이유 때문에 나는 학교(직장)에 갈 때 매일 버스를 탑니다.

E :

Ça prend combien de temps pour aller à l'école (au travail) ?

학교(직장)에 가는데 시간이 얼마나 걸립니까?

C :

Ça prend à peu près 1 h pour y aller.

대략 한 시간 정도 걸립니다.

E :

Est-ce que vous n'êtes pas en retard si vous prenez le bus à l'heure d'embouteillage ?

교통체증시간에 버스를 타면 늦지 않나요?

C :

Je sors de la maison un peu plus tôt pour éviter l'embouteillage.

교통체증을 피하기 위해 집에서 조금 일찍 나옵니다.

ex2 **SUJET 22**

Cuisine

Vous faites la cuisine vous-même chez vous ? Sinon, qui fait la cuisine ? Dans quelle occasion faites-vous la cuisine ? Quelle est votre spécialité ?

요리

당신은 집에서 스스로 음식을 합니까? 그렇지 않으면 누가 요리를 합니까? 어떤 경우에 요리를 하나요? 당신이 제일 잘하는 요리는 무엇이죠?

핵심

음식과 관련된 문제로서 먼저 응시자는 음식을 잘하는지 아니면 못 하는지를 결정해야 한다. 음식 준비를 대부분 어머니들이 한다는 것을 감안할 때에는 음식을 별로 잘 하지는 못한다고 말하는 것이 일반적이다. 그리고 음식을 하는 경우에는 주말에 식구들이 모였을 때 간식 정도 하는 것으로 말한다.

C :

J'habite avec ma famille et je n'ai pas beaucoup d'occasions de cuisiner parce que c'est ma mère qui s'en occupe. Je ne suis pas un(e) bon(ne) cuisiner(ère) et le seul repas que je sais faire, c'est le 떡볶이. Je le fais pour ma famille le week-end.

나는 가족과 함께 살고 있고 요리를 할 기회가 많지 않은데 왜냐하면 요리를 하는 것은 어머니이기 때문입니다. 나는 좋은 요리사가 아니며 내가 할 줄 아는 유일한 음식은 떡볶이입니다. 나는 주말에 가족을 위해 떡볶이를 합니다.

E :

Quel est le plat que les Coréens aiment le plus ?

한국인이 가장 좋아하는 음식은 무엇인가요?

C :

Je pense que c'est le 불고기. Beaucoup de Coréens mangent ce plat dans un restaurant ou à la maison.

나는 불고기라고 생각합니다. 많은 한국인이 식당이나 집에서 그것을 먹습니다.

ex2 **SUJET 23**

Stage linguistique

Vous avez l'intention de faire un stage linguistique à l'étranger ? Quel pays voulez-vous choisir ? Pourquoi ? Est-ce que vous avez des informations sur ce pays ? Expliquez.

어학연수

당신은 어학연수를 할 계획이 있나요? 어떤 나라를 선택하고 싶으세요? 왜죠? 그 나라에 대한 정보들을 가지고 있나요? 설명하세요.

핵심

외국에서의 공부와 관련한 문제이다. 응시자는 먼저 프랑스어 어학연수를 가고 싶다고 말하고 그 이유를 간략하게 말한다. 그리고 나서 프랑스를 선택하고 문화의 나라로서 에펠탑이나 개선문을 방문하고 싶다고 말한다. 프랑스에 대한 정보는 인터넷을 통해 얻을 수 있다고 언급한다.

C :

Je suis étudiant(e) en quatrième année du département français. (Ça fait 2 ans que j'apprends le français). Je voudrais aller en France pour perfectionner la compétence du français. En fait, je n'ai jamais visité la France mais j'ai appris des choses sur ce pays par Internet. Il y a des monuments célèbres en France comme tour Eiffel. Et comme j'aime beaucoup les tableaux, je voudrais tellement visiter le musée du Louvre.

나는 프랑스학과 4학년 학생입니다(나는 프랑스어를 배운 지 2년이 되었습니다). 나는 프랑스어 실력을 높이기 위해 프랑스에 가고 싶습니다. 사실 나는 프랑스를 방문해 본 적이 없지만 인터넷을 통해 이 나라에 대한 것들을 배웠습니다. 에펠탑과 같은 유명한 기념물들이 있죠. 그리고 내가 그림을 아주 좋아해서 루브르 박물관을 정말 가보고 싶어요.

E :

Si vous allez en France, quelle ville voulez-vous visiter d'abord et pourquoi ?

프랑스에 간다면 먼저 어떤 도시를 방문하고 싶고 그 이유는?

C :

J'aimerais visiter Paris. Je sais que le prix de la vie à Paris est plus cher que les autres villes, mais je pense que c'est une ville idéale pour apprendre la culture diverse.

나는 파리를 방문하고 싶어요. 파리에 생활비가 다른 도시들보다 더 비싸다는 것을 알고 있지만 다양한 문화를 배우기 위해서는 이상적인 도시라고 생각합니다.

ex2 SUJET 24

Sortie

Vous sortez souvent le week-end ? Avec qui ? Où est votre lieu préféré et pourquoi ? Qu'est-ce que vous faites en général ?

외출

당신은 주말에 자주 외출하나요? 누구와 함께요? 당신이 좋아하는 장소는 어디이며 그 이유는요? 보통 무엇을 하나요?

외출에 대한 문제로서 외출을 하는 이유를 먼저 밝히는데 예를 들어 평일에는 즐길 시간이 없어서 주말에 여가활동을 한다고 말한다. 그리고 그 내용으로는 친구들과 만나 영화를 보거나 운동을 하며 특정 장소를 정해 기호도와 관련한 활동을 말하면서 자신이 그곳을 왜 좋아하는지에 대해 밝힌다.

C :

Je sors presque tous les week-ends parce que je n'ai pas le temps de m'amuser au milieu de la semaine à cause de mes (mon) cours (travail). Je rencontre mes amis et on va au cinéma ou on fait du shopping dans le centre commercial. J'aime visiter le musée parce que j'adore les tableaux. Je suis allé(e) à l'exposition de Picasso le mois dernier et j'ai passé la journée très agréable.

나는 거의 매 주말마다 외출을 하는데 왜냐하면 수업(직장) 때문에 주중에는 즐길 시간이 없기 때문입니다. 친구들을 만나고 극장에 가거나 쇼핑몰에 가서 쇼핑을 합니다. 나는 미술관을 방문하는 것을 좋아하는데 왜냐하면 그림을 아주 좋아하기 때문이에요. 지난달에 피카소 전시회에 갔었는데 매우 기분 좋은 하루를 보냈어요.

E :

Qu'est-ce que vous faites s'il pleut ?

비가 올 경우 무엇을 하나요?

C :

Je regarde un film avec mes amis ou bien je reste à la maison en regardant la télé.

친구들과 영화를 보거나 텔레비전을 보면서 집에 있습니다.

ex2 **SUJET 25**

Meilleur ami

Décrivez votre meilleur(e) ami(e): son physique, son caractère. Pourquoi l'aimez-vous ?

가장 친한 친구

당신의 가장 친한 친구를 묘사하세요: 외모, 성격. 왜 그를 좋아하죠?

핵심

사람을 묘사하는 문제로서 친구, 가족 또는 선생님 등 응시자와 관련 있는 특정인에 대해 외형과 성격, 장점 또는 단점을 기술할 능력이 있는지를 평가한다. 외형과 성격에 대한 기본적인 어휘나 표현을 활용하고 특히 장, 단점에 대해 미리 준비해야 한다.

C :

J'ai un copain qui s'appelle +사람 이름. Il mesure 1m 80 cm, il est très beau et souriant. Mais, ce n'est pas seulement pour son physique que je l'aime. Il a un caractère très doux et généreux. Il dit bonjour aux autres même s'il ne les connaît pas.

나는 OOO라는 친구가 있습니다. 그는 키가 1미터 80이고 매우 잘 생겼으며 미소를 띄고 있습니다. 그렇지만 내가 그를 좋아하는 것을 단지 외모 때문만은 아닙니다. 그는 매우 부드럽고 관용적인 성격을 가지고 있습니다. 그는 잘 모르는 사람들에게도 인사를 합니다.

E:

Comment avez-vous le rencontré ?

그를 어떻게 만났나요?

C :

On se connaît bien parce que c'est un ami d'enfance. On a grandi ensemble dans un petit village.

우리는 서로를 잘 알고 있는데 왜냐하면 어릴 적 친구이기 때문입니다. 우리는 작은 마을에서 함께 자랐습니다.

E :

Parlez-moi de son caractère qui vous plaît le plus.

당신 마음에 가장 드는 그의 특징에 대해 말해보세요.

C :

Il a du bon cœur. Il n'hésite pas à aider ceux qui sont dans une situation difficile. Ce sont des raisons pour lesquelles tout le monde l'aime et je suis fier de lui.

그는 착한 마음을 가지고 있습니다. 어려운 상황에 처한 사람을 돕는데 주저하지 않습니다. 이것이 모든 사람들이 그를 좋아하는 이유들이며 나는 그가 자랑스럽습니다.

ex2 **SUJET 26**

Événement culturel

Quels événements culturels pouvez-vous voir dans votre ville ? Où allez-vous pour cela ? Quel est le dernier événement culturel que vous avez vu ? Racontez.

문화행사

당신의 도시에서 어떤 문화 행사들을 볼 수 있나요? 이것을 위해 어디로 가나요? 당신이 보았던 최근의 문화 행사는 무엇인가요? 이야기 하세요.

문화적 행사와 관련한 문제로 미술, 음악, 영화를 비롯한 공연 관람에 대해 이야기 한다. 특히 관람한 것들 중에 특별히 기억에 남을 만한 내용을 마지막 공연 관람과 관련하여 기술한다.

C :

Comme je suis étudiant(e) (je travaille tous les jours), je n'ai pas beaucoup de temps de voir des événements culturels dans la semaine. Alors, j'essaie de ne pas rater des expositions importantes du week-end. Il y a un centre culturel dans la mairie et j'y vais souvent parce que la plupart des événements sont gratuits. Il y avait un concert classique samedi dernier et j'y suis allé(e) avec mes amis. C'était la première fois que j'ai écouté de la musique classique en direct et c'était magnifique.

나는 학생이기 때문에(나는 매일 일하기 때문에), 주중에 문화적 행사를 볼 시간이 많지 않습니다. 그래서 주말의 중요한 전시회들은 놓치지 않으려고 노력합니다. 시청 안에 문화센터가 있어서 그곳에 자주 가는데 왜냐하면 대부분의 행사들이 무료이기 때문입니다. 지난 주 토요일에 고전 음악회가 있어서 친구들과 그곳에 갔습니다. 현장에서 고전 음악을 듣는 것은 처음이었는데 너무 훌륭했어요.

E :

Quel genre de musique aimez-vous et pourquoi ?

어떤 종류의 음악을 좋아하고 그 이유는요?

C :

J'aime le Hip pop parce que je peux me détendre en écoutant cette musique. J'adore surtout le groupe OO. Ils sont beaux. D'ailleurs, ils chantent et dansent bien.

나는 힙합을 좋아하는데 왜냐하면 음악을 들으면 긴장을 풀 수 있기 때문입니다. 나는 특히 그룹 OO를 좋아합니다. 그들은 잘 생겼어요. 게다가, 노래와 춤을 잘합니다.

ex2 **SUJET 27**

Hébergement de vacances

Quels logements préférez-vous quand vous voyagez à l'étranger et pourquoi ? Quels sont leurs prix ?

휴가(방학) 숙소

외국으로 여행할 때 어떤 숙소를 선호하고 그 이유는요? 가격은 어떤가요?

외국여행 시 묵는 숙소와 관련된 질문으로서 호텔보다는 유스호스텔과 같은 실용적인 장소를 언급하는 것이 좋다. 왜냐하면 그 이유로서 가격이나 실용성 등을 말할 수 있기 때문이다. 그리고 또래 외국 친구들과 만날 수 있다는 것 또한 장점의 하나가 될 수 있다.

C :

J'utilise souvent un auberge de jeunesse quand je voyage à l'étranger. D'abord, il est très pratique parce qu'il se trouve dans le centre ville. Et puis, les chambres sont propres et on peut faire la cuisine. D'ailleurs, ce n'est pas très cher et je peux avoir l'occasion de rencontrer des jeunes étrangers à mon âge.

나는 외국을 여행할 때 자주 유스호스텔을 이용합니다. 우선 매우 편리한데 왜냐하면 시내에 위치해 있기 때문입니다. 그리고 방이 깨끗하고 음식을 해먹을 수 있어요. 게다가 비싸지 않고 내 또래의 외국 친구들을 만날 수 있는 기회를 가질 수 있습니다.

E :

Comment trouvez-vous un logement quand vous voyagez ?

여행할 때 숙소를 어떻게 찾습니까?

C :

Je cherche des informations sur Internet. Beaucoup de sites Internet nous informent des logements qui ne sont pas chers et très pratiques.

나는 인터넷에서 정보를 찾습니다. 많은 인터넷 사이트들이 우리들에게 비싸지 않고 매우 편리한 숙소들의 정보를 알려줍니다.

ex2 **SUJET 28**

Jardin public

Allez-vous souvent au jardin public ? Pour quelle occasion ? Avec qui ? Que faites-vous en général ?

시민 공원

시민 공원에 자주 가나요? 어떤 경우입니까? 누구와 함께 ? 보통 무엇을 합니까?

일상생활과 관련한 문제들 중 자주 등장하는 주제이다. 주중에 가족과 보내는 시간이 적어 주말에 주로 가족과 함께 산책이나 가벼운 운동을 하거나 독서와 같은 활동을 한다고 말한다.

C :

Il y a un parc près de chez moi et j'y vais souvent avec ma famille le week-end pour passer un peu de temps entre famille. On joue au ballon ou bien on se promène. J'aime beaucoup cet endroit parce que je peux avoir l'occasion de parler avec ma famille.

집 가까이에 공원이 있어서 가족 간의 약간의 시간을 보내기 위해 주말에 가족과 그 곳에 자주 갑니다. 우린 공놀이를 하거나 산책을 합니다. 나는 이 장소가 좋은데 왜냐하면 가족과 함께 이야기할 수 있는 기회를 가질 수 있기 때문입니다.

E :

Est-ce qu'il y a un endroit spécial pour vous dans le jardin public ?

공원에 당신에게 특별한 장소가 있나요?

C :

Oui. Il y a un petit lac au milieu du jardin public et je peux lire sur le banc ou je peux voir des oiseaux.

예. 공원 한 가운데에 조그마한 호수가 있어서 벤츠에 앉아 독서를 할 수도 있고 아니면 새들을 구경할 수 있습니다.

ex2 **SUJET 29**

Logement

Décrivez votre maison ou votre appartement. Dites ce que vous aimez, ce que vous avez envie de changer et pourquoi.

거주지

당신 집 또는 아파트를 묘사하세요. 당신이 좋아하는 것과 바꾸고 싶어하는 것, 그리고 그 이유를 말하세요.

집에 관한 문제로서 아파트나 집의 구조에 대해 말한다. 그리고 집에서 어떠한 점이 마음에 드는지 또는 마음에 들지 않는지를 언급하고 그 이유를 설명한다. 대부분의 경우 아파트에 살고 있기 때문에 위치적인 조건을 장점으로 내세운다. 그리고 바꾸고 싶은 것으로는 침대나 가구가 낡았다거나 본인의 방을 갖고 싶다고 말한다.

C :

J'habite dans un appartement avec ma famille. Il y a trois chambres, une salle de cuisine et un salon. Je partage la chambre avec mon (ma) frère (sœur). Comme l'appartement est tout près du centre ville, c'est très pratique pour aller au cinéma ou rencontrer mes amis. Par contre, je voudrais changer mon lit parce qu'il est trop vieux. Et puis j'aimerais avoir ma propre chambre parce que j'ai besoin de la vie privée.

나는 가족과 함께 아파트에 살고 있습니다. 방이 세 개 있고 부엌과 거실이 있습니다. 나는 남동생과 방을 같이 쓰고 있습니다. 아파트가 중심가와 아주 가까이에 있어서 극장에 가거나 친구들을 만날 때 아주 편리합니다. 반면에 나는 침대를 바꾸고 싶은데 왜냐하면 너무 낡았기 때문입니다. 그리고 나만의 방을 갖고 싶은데 왜냐하면 나는 사생활이 필요하기 때문입니다.

E :

Quel est le problème le plus grave quand vous partagez la chambre avec votre frère (sœur) ?

당신이 동생과 방을 나누어 쓸 때 가장 심각한 문제가 무엇인가요?

C :

Il (Elle) écoute de la musique sans casque et ça me dérange beaucoup quand je travaille.

그는 헤드폰 없이 음악을 들어서 내가 공부할 때 방해가 많이 됩니다.

E :

Vous lui avez parlé de ce problème ?

그에게 그 문제에 대해 이야기 했나요?

C :

Oui, plusieurs fois. Mais, il (elle) ne m'écoute jamais.

예, 여러 번이요. 그렇지만 그는 내 말을 결코 듣지 않아요.

3.
Interaction

일상생활에서 흔히 일어날 수 있는 상황(옷가게, 상점에서 물건사기, 식당에서 음식주문하기, 길 묻기 등)을 중심으로 감독관과 역할을 나누어 상황을 재현할 능력을 평가한다. 그렇지 않으면 제안하기, 제안을 수락하거나 거절하기 등의 주어진 의사소통 내용에 따라 얼마나 소화해낼 수 있는지를 파악하며 점수 분포도는 다음과 같다:

일상생활에 대한 상황이나 내용을 중심으로 감독관과 응시자 간의 간단한 합의하에서 정보들을 묻고 제공하는 능력.	0	0.5	1	1.5	2	2.5	3	3.5	4
흔히 사용하는 표현들과 기본적인 사항들을 바탕으로 일상생활에서 발생하는 상황에 대해 간략하면서도 효과적으로 대처하는 능력.	0	0.5	1	1.5	2				

응시자가 준비실에서 16개 이상의 문제들 중에 두 개를 고른 후 최종적으로 한 개를 선택하여 그에 대해 준비한다. 실제 일상생활의 상황에서 벌어질 수 있는 주제들로 이루어져 있는데 특히 유의해야 할 사항은 감독관이 맡아야 할 역할을 착각하여 진행하는 경우 결코 좋은 점수를 받지 못함으로 자신의 역할이 무엇인지 정확히 숙지하고 시작해야 한다. 또한 준비실에서 종이에 대화할 내용을 적어 시험을 볼 때 보는 것은 A2 단계에서는 허용되기 때문에 이를 활용하는 것도 좋은 방법이다.

SUJET 1 au club de sport

Vous voulez vous inscrire au club de sport. Renseignez des informations (le type du sport, les jours, les horaires, le tarif, etc).

[L'examinateur/l'examinatrice joue le rôle de l'employée du club.]

주목해야 할 사항들

먼저 인사말과 함께 응시자는 찾아온 용건이나 목적을 밝힌다. 특히 대화가 진행되는 동안 지시사항에서 제시하고 있는 사항들 (스포츠 종목, 요일, 시간, 요금 등)에 대해 빠짐없이 언급해야 감점이 되지 않는다는 점에 유의해야 한다.

일반적으로, 특정 장소에 등록하는 경우 시험감독관 자료에 이에 대한 상세한 내용들이 있기 때문에 감독관은 이를 보고 응시자에게 제시를 하게 된다. 이때 감독관이 말하는 내용들에 대해 무조건적으로 받아들이는 것은 바람직하지 않다. 실제 상황이라고 고려해서 진행되는 대화이니만큼 문제점들을 말하는 것이 좋다. 예를 들어, 본 문제의 경우 특정 요일에는 특별한 사정 때문에 등록할 수 없다는 점을 말하거나 가격이 너무 비싸다는 점을 언급할 수 있다. 또한 비용 결제 방법 (현금, 카드 등)에 대해 언급하는 것 역시 효과적인 대화 방법이라 할 수 있다. 그리고 대화가 끝날 때 인사말을 잊지 말아야 한다.

SUJET 1 au club de sport 스포츠 클럽에서

Vous voulez vous inscrire au club de sport. Renseignez des informations (le type du sport, les jours, les horaires, le tarif, etc).

[L'examinateur/l'examinatrice joue le rôle de l'employée du club.]

당신은 스포츠 클럽에 등록하려고 합니다. 정보를 물어보세요 (스포츠 종류, 요일, 시간, 가격 등).

감독관은 클럽 종업원 역할을 합니다.

E Bonjour. Qu'est-ce que vous voulez ? (Je peux vous aider) ?
안녕하세요. 무엇을 원하세요? (도와드릴까요?)

C Bonjour. Je voudrais m'inscrire à votre club.
안녕하세요. 당신 클럽에 등록하고 싶습니다.

E Oui, vous pouvez choisir le sport que vous voulez dans notre club.
예. 우리 클럽에서는 당신이 원하는 스포츠를 선택할 수 있습니다.

C D'accord. J'aimerais apprendre la natation.
알았습니다. 나는 수영을 배우고 싶어요.

E Oui. Vous pouvez le faire lundi, mercredi, vendredi et samedi.
예. 월요일, 수요일, 금요일 그리고 토요일에 할 수 있으세요.

C La leçon commence à quelle heure ?
강습이 몇 시에 시작하죠?

E Ça dépend du jour. On a des cours du matin et du soir : de 9h à 10h et 18 h à 19h dans la semaine. Ou bien de 10h à 11h et 19h à 20h le samedi.
요일에 따라 달라요. 아침과 저녁 수업이 있습니다: 평일에는 9시에서 10시 그리고 18시에서 19시입니다. 그렇지 않으면 토요일은 10시에서 11시와 19시에서 20시가 있어요.

C Je vais choisir le cours du soir parce que je dois aller à l'école le matin.
저녁 수업을 선택할게요 왜냐하면 아침에는 학교를 가야 하거든요.

E Aucun problème.
아무 문제 없습니다.

C Est-ce qu'il y a une leçon pour le débutant ?
초보자를 위한 강습이 있나요?

E Bien sûr. Il y a deux classes pour le débutant : le cours du lundi soir et celui du mercredi soir. Je vous conseille de suivre le cours du lundi parce qu'il y a moins de monde.

물론이죠. 초보자를 위한 두 개 반이 있어요. 월요일 저녁 수업과 수요일 저녁 수업이요. 월요일 수업을 들을 것을 권하는데 왜냐하면 사람이 적거든요.

C D'accord. Et quel est le frais d'inscription par mois ?

알았습니다. 그리고 한 달에 등록비가 얼마죠?

E 150 euros pour adulte et 130 euros pour étudiant.

성인은 150 유로이고 학생은 130 유로입니다.

C Qu'est-ce que je dois préparer ?

무엇을 준비해야 하나요?

E Un maillot de bain, des lunettes de plongées et un bonnet. Voilà le formulaire d'inscription et remplissez-le !

수영복, 물안경 그리고 모자요. 여기 등록서류가 있으니 작성해주세요!

SUJET 2 le cinéma

Vous et votre ami(e) voulez voir un film et discutez avec lui (date, type du film, horaires, etc)

[L'examinateur/l'examinatrice joue le rôle de votre ami(e).]

주목해야 할 사항들

친구와 같이 특별한 활동을 하는 것에 대한 주제는 델프 A2 구술에서 가장 많이 출제되어지는 부분이다.

특히 특별한 주제와 관련하여 감독관과 의견을 나누어야 하는 문제에서 응시자는 지시사항에 언급되어져 있는 사항들에 대해 주도적인 입장을 취해야 한다는 점을 잊지 말아야 한다. 즉, 제시된 주제에 대해 감독관이 주도적으로 질문을 먼저 하거나 이끌어가는 경우가 드물다는 것인데 이는 응시자가 주제와 관련한 내용을 제대로 이해하고 있는지에 대한 평가이기 때문이다. 그리고 지시사항에 있는 내용들(날짜, 영화 종류, 시간 등)과 관련하여 먼저 제안을 한 경우 감독관이 언급한 내용에 대해 부정적으로 답변할 수 있다는 것을 염두에 두어야 한다(날짜나 시간 또는 영화 종류에 대해 동의하지 않음).

마지막 사항으로서 의견을 교환한 후에 비록 지시사항에는 언급되고 있지 않지만 영화를 같이 보기 위해서는 만나야 한다는 점에 착안하여 어디에서 몇 시에 만날 것인지에 대해서도 이야기를 해야 한다.

SUJET 2 le cinéma 영화

Vous et votre ami(e) voulez voir un film et discutez avec lui. (date, type du film, horaires, etc)

[L'examinateur/l'examinatrice joue le rôle de votre ami(e).]

당신과 친구는 영화를 보려고 하며 그와 이야기 하세요. (날짜, 영화 종류, 시간 등)

[감독관은 당신의 친구 역할을 합니다.]

C Salut ! Qu'est-ce que tu fais ce samedi ?
안녕! 너 이번 주 토요일에 뭐하니?

E Salut ! Je n'ai pas grande chose à faire. Pourquoi ?
안녕! 특별히 할 거는 없어. 왜?

C Je vais aller au cinéma. Tu viens avec moi ?
나 극장에 가려고 해. 나랑 같이 갈래?

E Pourquoi pas ? Quel genre de film aimes-tu ?
안될거 없지? 어떤 종류의 영화를 좋아하니?

C J'aime beaucoup le film d'aventure et un bon film vient de sortir la semaine dernière.
나는 어드밴처 영화를 아주 좋아하는데 좋은 영화가 지난 주에 개봉했어.

E Moi, je n'aime pas tellement ce genre de film. Je préfère le film comique.
나는 그런 종류의 영화를 그다지 좋아하지는 않아. 나는 코믹 영화가 더 좋아.

C Je l'aime aussi. On peut le voir si tu veux. Voilà les programmes des films. On choisit à quelle scéance ?
그것을 나도 좋아해. 네가 원하면 그거 보면 되지. 여기 영화 프로그램들이 있어.

E Il faut choisir la scéance du matin parce qu'il y a une réduction.
아침 영화를 골라야 해 왜냐하면 할인이 있거든.

C C'est une bonne idée. Et puis, il y a deux films comiques; un film français et un film américain. Lequel choisissons-nous ?
좋은 생각이야. 그리고 두 개의 코메디 영화가 있어. 하나는 프랑스 영화하고 미국 영화. 어떤 것을 선택할까?

E En fait, je n'aime pas le film américain parce que c'est une version originale. C'est trop fatiguant de regarder le film sous-titré.
사실, 나는 미국 영화를 좋아하지 않는데 왜냐하면 오리지널 버전이기 때문이야. 자막이 있는 영화를 보는 것은 너무 피곤해.

C Tu as raison. Bon, on va regarder le film français. Il commence à 11h, donc on se voit à 10h 50 devant le ciné. D'accord ?

네가 옳다. 자, 그럼 프랑스 영화를 보자. 영화가 11시에 시작하니까 10시 50분에 극장 앞에서 보자. 알았지?

E Pas de problème. Après le film, on va déjeuner ensemble.

좋아. 영화 후에, 점심 같이 먹자.

C D'accord. alors à samedi ! 알았어.

그러면 토요일에 보자!

E Oui, bonne journée !

그래. 좋은 하루 보내!

SUJET 3 le cadeau d'anniversaire

Vous voulez acheter quelque chose pour l'anniversaire de votre ami et vous proposez à un(e) autre ami(e) de l'acheter ensemble.

[L'examinateur/l'examinatrice joue le rôle de votre ami(e).]

주목해야 할 사항들

이런 유형의 문제는 응시자에게 까다로운 문제이다. 지시사항에 내용이 없다는 것이 한편으로는 다루어야 할 주제와 관련된 모르는 어휘들이 나오지 않는다는 점에 안심할 수 있다. 이러한 이유로 두 개 중 한 개의 주제를 선정하는 구술 평가 방식에서 많은 응시자가 지시사항이 간단한 것을 고르는 경향이 있다. 그러나 이런 경우 대화를 이끌어나가야 할 응시자 입장에서 다룰 내용들을 모두 준비를 구체적으로 해야 한다는 부담이 있다.

먼저 친구 생일 선물과 관련하여 준비를 했는지에 대해 묻는다. 지시사항에서 친구와 함께 선물을 산다고 제시되어 있기 때문에 감독관은 준비하지 않았다는 말로 응답하게 된다. 그 후에 선물 내용에 대해 생각을 하고 있는지를 감독관에게 묻는다. 대부분의 경우 응시자의 구술 능력을 평가하기 위해 감독관은 생각하지 않았다고 하면서 응시자가 생각한 것이 있는지를 묻는다. 그러면 응시자는 생일을 맞은 친구의 기호도와 관련한 선물 내용을 말해야 한다. 또한 선물 구입시에 반드시 언급해야 하는 것은 가격이다. 선물을 공동구입한다는 것은 물건 가격이 어느 정도 비싸다는 것이 전제되어 있다고 생각해야 하기 때문에 각자 얼마씩 내면 된다는 말을 한다. 이때 감독관이 선물가격에 대해 이의를 제기할 수 있다. 이럴 경우 이번 생일이 특별한 의미가 있다는 내용으로 답변을 하면 된다.

그리고 마지막으로 구입해야 할 선물을 보러 언제 어디서 만날 것인지에 대해 이야기하고 작별인사를 하면 된다.

SUJET 3 le cadeau d'anniversaire 생일선물

Vous voulez acheter un cadeau d'anniversaire de votre ami et vous proposez à un(e) autre ami(e) de l'acheter ensemble.

[L'examinateur/l'examinatrice joue le rôle de votre ami(e).]

당신은 친구의 생일을 위해 무엇인가를 사려고 하며 함께 그것을 사기 위해 다른 친구와 이야기 하세요.

[감독관은 당신의 친구 역할을 합니다.]

C Tu es aussi invité à l'anniversaire de Béatrice ?
너도 베아트리스 생일에 초대받았니?

E Bien sûr. 물론이지.

C Alors, tu as acheté son cadeau d'anniversaire ?
그러면 그의 생일 선물을 샀어?

E Non, pas encore. Et toi ?
아니, 아직. 그러는 너는?

C Moi non plus. Tu as une bonne idée ?
나도 아직이야. 좋은 생각 있니?

E Pas vraiment. Je ne sais pas quoi acheter.
별로. 뭘 사야 할지 모르겠어.

C J'ai vu un joli collier dans un magasin et je pense qu'elle lui va bien.
내가 상점에서 예쁜 목걸이를 봤는데 내 생각에는 그녀에게 잘 어울릴 것 같아.

E Ah bon ? Mais ce n'est pas cher ?
아 그래? 그런데 비싸지 않아?

C Si, c'est ça le problème. Alors, à mon avis, on peut l'acheter ensemble.
Qu'est-ce que tu en penses ?
비싸. 그게 문제야. 그래서 내 의견으로는, 함께 그것을 살 수 있을 것 같아. 네 생각은 어때?

E C'est une bonne idée. Ça coûte combien ?
좋은 생각이야. 값이 얼마인데?

C 260 euros. Donc, chacun paie 130 euros.
260유로야. 그러니까 각자 130유로씩 내면 되.

E D'accord. Où est le magasin ? J'aimerais voir ce collier.
알았어. 상점이 어디 있는데? 나도 그 목걸이를 보고 싶어.

C Il se trouve au centre commercial. On y va ensemble ?
상점 중심가에 있어. 함께 갈까?

E Oui. Son anniversaire est pour la semaine prochaine. Alors, on y va ce week-end ?
그래. 생일이 다음주니까 이 번 주말에 갈까?

C D'accord. On se rappelle ce vendredi pour fixer l'heure et l'endroit de rendez-vous.
알았어. 약속 장소랑 시간을 정하기 위해 이번 금요일에 통화하자.

E Entendu. Au revoir et bonne journée !
알았어. 좋은 하루 보내!

SUJET 4 les vacances

Vous voulez partir en vacances à la montagne avec votre ami(e), mais il (elle) préfère la mer. vous le (la) convainquez et discutez avec lui (elle) pour préparer vos vacances (date de départ et de retour, transport, logement, nourriture, etc)

[L'examinateur / l'examinatrice joue le rôle de votre ami(e).]

주목해야 할 사항들

위 주제와 관련하여 응시자가 이끌어야 할 대화 내용은 크게 두 가지로 나뉜다. 첫 번째는 산보다 바다를 선호한다는 상대역을 하는 감독관을 설득하여 산으로 휴가를 가자는 식으로 대화를 진행해야 한다. 여기에서 중요한 것은 무엇보다도 바다보다 산이 휴가 장소로 더 좋다는 설득력 있는 근거를 제시해야 한다는 것이다. 예를 들어, 바다에 사람들이 너무 많다는 점과 시원한 바람과 신선한 공기, 그리고 계곡의 시원한 물 등을 근거로 댈 수 있다. 그리고 산에서 휴가를 보낼 때 좋은 점으로서 구체적인 활동 계획을 말할 수도 있다.

두 번째 대화 진행 내용은 산으로 휴가를 떠나기 위한 구체적인 계획(출발과 돌아오는 날짜, 교통편, 음식 등)에 대해 이야기해야 한다. 교통편의 경우, 산으로 간다는 것을 감안하여 대중교통으로는 주로 기차에 대해 이야기 할 수 있다. 이때 기차로 이용할 때의 장점을 언급해도 좋다(안전하고 시간이 정확하며 비용이 비교적 저렴하다). 그렇지 않으면 응시자는 자신의 승용차로 이동하는 것을 제안할 수도 있다. 이 경우에도 비용을 공동으로 부담한다는 점을 언급한다. 숙소와 관련해서는 산이라는 점을 감안하여 캠핑을 하거나 아니면 산장의 방을 예약하자는 제안을 하는 것이 바람직하다. 그리고 음식과 관련해서는 목록을 작성하여 같이 슈퍼마켓에 가서 구입하자고 제안하면서 장 볼 시간과 장소에 대해 이야기한다.

SUJET 4 les vacances 방학

Vous voulez partir en vacances à la montagne avec votre ami(e), mais il (elle) préfère la mer. vous le (la) convainquez et discutez avec lui (elle) pour préparer vos vacances (date de départ et de retour, transport, logement, nourriture, etc)

[L'examinateur/l'examinatrice joue le rôle de votre ami(e).]

당신은 친구와 함께 산으로 방학을 떠나려고 하지만 그는 바다를 선호합니다. 그를 설득하고 그와 방학을 준비하기 위해 이야기 하세요 (출발과 돌아오는 날짜, 교통, 숙소, 음식 등)

[감독관은 당신의 친구 역할을 합니다.]

C Tu as des projets pour ces vacances d'été ?
너 이번 여름에 계획 있니?

E Pas encore. Et toi ?
아직이야. 그러는 너는?

C Je vais passer une semaine à la montange. Tu viens avec moi ?
나는 산에서 일주일을 보내려고 해. 나랑 같이 갈래?

E Non, merci. Je n'aime pas la montagne et j'aime plutôt la mer.
아냐, 됐어. 나는 산을 좋아하지 않고 그보다는 바다를 더 좋아해.

C Mais on a déjà passé les vacances dernières à la mer. Tu ne t'en souviens pas ? On avait beaucoup souffert parce qu'il y avait trop de monde.
그렇지만 지난 휴가를 이미 바다에서 보냈잖아. 너 기억나지 않니? 사람이 너무 많아서 엄청 고생했잖아.

E C'est vrai. D'ailleurs, il pleuvait beaucoup. 사실이야. 게다가, 비가 엄청 왔지.

C Ce sera une bonne expérience pour nous de passer les vacances à la montagne.
산에서 방학을 보내는 것은 우리에게 좋은 경험이 될 거야.

E D'accord. Quand partons-nous ?
좋아. 언제 떠날건데?

C À la fin du juin. Il n'y aura pas beaucoup de monde. Qu'est-ce que tu en penses ?
6월 말에. 사람이 많지 않을거야. 어떻게 생각해?

E C'est une bonne idée. Mais je dois revenir avant 10 juillet parce que je commence le travail au café avec le mi-temps.
좋은 생각이야. 그렇지만 나는 7월 10일전에 돌아와야 해 왜냐하면 카페에서 아르바이트로 일을 시작하거든.

C Pas de problème. Et puis, je pense qu'il vaut mieux prendre le train parce qu'il est rapide et moins cher. Qu'est-ce que tu en dis ?

문제 없어. 그리고 내 생각에는 기차를 타는게 좋을 듯 해 왜냐하면 빠르고 덜 비싸니까. 너는 어떻게 생각하니?

E Je suis d'accord avec toi.

나도 너와 의견이 같아.

C Nous devons aussi préparer quelques choses, n'est-ce pas ?

그런데 우리 무엇인가를 준비해야 해, 안 그래?

E Tu as raison.

네가 옳아.

C Tout d'abord, il nous faut une tente et je vais l'emprunter à mon grand frère. Et puis, on doit faire des courses pour acheter des nourritures. Donc. faisons la liste !

무엇보다도 텐트가 있어야 하니까 내가 형한테 빌릴께. 그리고 음식을 사기 위해 장을 봐야 해. 그러니까 목록을 만들자.

E D'accord.

알았어.

C Il nous reste encore le temps et chacun fait la liste à la maison. Après, on se voit pour acheter des nourritures au supermarché avant le départ.

아직 시간이 있으니까 각자 집에서 목록을 작성하자. 그리고 나서, 출발 전에 슈퍼마켓에서 음식을 사기 위해 만나자.

E D'accord. Rappelle-moi !

알았어. 나한테 전화해!

SUJET 5 la fête

Vous organisez une fête et vous demandez l'aide à votre ami(e). Vous discutez avec lui (elle) pour préparer la fête. (l'heure, les invités, etc)

[L'examinateur/l'examinatrice joue le rôle de votre ami(e).]

주목해야 할 사항들

먼저 파티를 개최하는 역할을 맡은 응시자는 친구에게 도움을 청해야 하는 입장이라는 지시사항과 관련하여 친구가 파티를 여는 날에 도와줄 시간이 있는지를 물어봐야 한다. 그리고 어떤 이유로 파티를 열게 되었는지에 대한 이유 (생일, 집들이 등)를 설명해야 한다. 이때 파티라는 점을 감안하여 주말 저녁시간에 시간이 있는지를 물어보는 것이 보다 현실적이다. 지시사항에 따라 친구 역할을 하는 감독관은 도와주겠다고 말을 할 것이며 이때 감사하다는 표현을 꼭 해야 한다.

그리고 파티와 관련하여 지시사항에서 언급하고 있는 파티 시간과 초대 손님들에 대해 이야기해야 한다. 파티 시간에 대해서는 저녁 식사를 겸하는 것인지 아니면 식사 후에 진행할 것인지에 따라 6시 혹은 8시로 정하는 것이 좋다. 식사를 겸하는 경우에는 저녁 식사 메뉴를 어떻게 할 것인지 (집에서 식사 준비를 할 것인지 아니면 주문을 할 것인지)에 대해서도 말해야 한다. 이는 파티의 성격에 따라 결정될 수 있으므로 응시자가 정해야 한다.

초대 손님들의 경우 선별을 어떤 기준에 의해 할 것인가를 말해야 한다. 따라서 가장 좋은 방법은 파티 성격과 날짜 그리고 시간을 단체 e-mail을 통해 알리자고 제안하는 것이다. 그리고 간단한 음료나 다과를 구입하기 위해 친구 역할을 하는 감독관에게 장을 보러 가는데 도와달라고 하고 만날 장소와 시간을 정한 후 대화를 마치면 된다. 그리고 마지막에 도와주어서 고맙다는 감사의 말을 잊지 않는다.

SUJET 5 la fête 파티

Vous organisez une fête et vous demandez l'aide à votre ami(e). Vous discutez avec lui (elle) pour préparer la fête. (l'heure, les invités, etc)

[L'examinateur/l'examinatrice joue le rôle de votre ami(e).]

당신은 파티를 열려고 하는데 친구에게 도움을 청하세요. 그와 파티를 준비하기 위해 이야기하세요 (시간, 초대손님들, 등등).

[감독관은 당신의 친구 역할을 합니다.]

C Tu es libre samedi prochaine ?
너 다음 주 토요일에 시간 있니?

E Oui, pourquoi ? 응. 왜?

C Je vais organiser une petit fête chez moi et tu peux m'aider ?
내가 집에서 조그마한 파티를 열려고 하는데 나를 도와줄 수 있어?

E Bien sûr. À quelle heure commence-t-on la fête ?
몇 시에 파티를 시작할건데?

C À 19 h, mais je n'a rien préparé. 19시에 그런데 아무 것도 준비하지 않았어.

E Il faut décider le nombre des invités. Tu invites qui ?
초대 손님들의 수를 정해야 해. 누구를 초대할거니?

C Je vais envoyer un e-mail à mes amis pour confirmer la liste des invités.
초대 손님 목록을 확인하기 위해 친구들에게 메일을 보낼거야.

E C'est une bonne idée. Et tu vas préparer le dîner ?
그거 좋은 생각이야. 그리고 저녁을 준비할거야?

C Oui. J'ai l'ntention de commander le plat chinois ou la pizza. Qu'est-ce que tu en penses ?
응. 중국 음식이나 피자를 주문할 생각이야. 어떻게 생각하니?

E À mon avis, la pizza sera mieux que le plat chinois.
내 의견으로는 피자가 중국 음식보다 더 나을거야.

C Tu as raison. Et puis, j'ai aussi besoin des goûters et des boissons. Tu peux aller au supermarché avec moi ?
네가 옳다. 그리고 나는 간식과 음료수도 필요해. 너 나랑 같이 슈퍼마켓에 갈 수 있어?

E Avec plaisir. Tu as besoin de l'autre chose ?
기꺼이. 너 다른거 필요한 거 있니?

C Oui. Il me faut de bons DVDs pour regarder des films après le dîner.
응. 저녁 식사 후에 영화를 보기 위해 좋은 DVD들이 필요해.

E Ne t'inquiète pas. J'ai acheté quelques DVDs la semaine dernière et je vais les apporter.
걱정하지마. 내가 지난 주에 DVD 몇 개를 샀으니까 그것을 가져올게.

C Merci. Il me manque encore quelques choses, mais je ne m'en souviens pas.
고마워. 아직 뭔가 부족한 거 같은데 생각이 나지를 않아.

E Tes amis connaissent tous comment venir chez toi ?
네 친구들이 모두 너의 집에 어떻게 오는지 알고 있니?

C C'est vrai. Je vais aussi leur envoyer mon adresse par e-mail.
사실이야. 그들에게 이 메일로 내 주소를 보내야겠어.

E De toute façon, si tu as besoin de moi pour la fête, n'hésite pas à me téléphoner.
어쨌거나, 파티를 위해 내가 필요하면 주저말고 내게 전화해.

C Merci. Je ne pourrai rien faire sans toi.
고마워. 너 없이는 아무 것도 할 수 없을거야.

E Mais non. 천만에.

SUJET 6 la fête de l'école

C'est bientôt l'anniversaire de votre école et vous organisez une fête avec vos camarades de classe. Vous discutez avec votre professeur pour la préparer.

[L'examinateur/l'examinatrice joue le rôle de votre professeur.]

주목해야 할 사항들

먼저 응시자는 학교 축제라는 주제와 관련해서 선생님 역할을 하는 감독관에게 상의를 하기 위해 찾아왔다는 말로서 용건을 밝혀야 한다. 그리고 상의할 시간이 있는지에 대해 양해를 구해야 한다. 또한 대학 축제가 아닌 고등학교 축제라는 점을 감안하여 축제에 대한 전반적인 내용들을 구상해야 한다.

학급 친구들과 함께 축제 준비를 한다는 지시사항을 고려하여 응시자는 이 주제와 관련하여 학우들과 학급회의를 열었으며 어떠한 내용들이 오고 갔는지에 대한 정보를 감독관에게 알려주어야 한다.

그리고 축제 준비에 있어서의 애로사항이나 문제점들을 간략하게 언급하면서 이를 해결해 줄 것을 부탁한다. 예를 들어, 공연을 준비하는 경우 학생들이라는 점을 고려하여 공연 연습장소나 시간 또는 경비에 대한 부분들을 언급할 수 있다.

문제들에 대해 감독관이 해결 방안을 제시하면 학급 대표로서 그 사항을 학우들에게 알려주겠다는 말과 함께 도와주어서 감사하다는 인사말로 대화를 마무리 한다.

SUJET 6 la fête de l'école 학교 축제

C'est bientôt l'anniversaire de votre école et vous organisez une fête avec vos camarades de classe. Vous discutez avec votre professeur pour la préparer.

[L'examinateur/l'examinatrice joue le rôle de votre professeur.]

곧 학교 기념일이고 당신은 학급 친구들과 축제를 꾸미려고 합니다. 이것을 준비하기 위해 선생님과 토론하세요.

[감독관은 당신의 선생님 역할을 합니다.]

C Bonjour, monsieur le professeur. Est-ce que vous avez une minute ? Je voudrais vous parler de la fête de l'école.
안녕하세요, 선생님. 시간 있으세요? 학교 축제에 관해 선생님께 말할게 있어서요.

E Bien sûr. Asseyez-vous !
물론이죠. 앉으세요!

C Merci. Voilà, c'est bientôt le 50ème anniversaire de notre école et chaque classe prépare quelque chose spéciale cette année.
고맙습니다. 다름이 아니라, 곧 학교 50주년 기념일이고 각 학급에서 올해 특별한 무엇인가를 준비하고 있습니다.

E Oui, je le sais bien.
예, 잘 알고 있죠.

C Alors, on a fait une réunion de classe hier pour décider ce qu'on va faire.
그래서 어제 무엇을 할 것인가를 정하기 위해 학급 회의를 열었습니다.

E Vous avez bien fait. Qu'est-ce que vous allez faire ?
잘 했어요. 무엇을 할 것인가요?

C Il y avait beaucoup de propositions : café, pièce de théâtre, restaurant, concours de beauté, etc.
많은 제안이 있었습니다: 카페, 연극, 식당, 미인선발대회 등.

E Alors, quelle était votre décision ?
그래, 결정은 무엇이었나요?

C On a voté, mais on n'a pas pu décider parce qu'il y avait beaucoup de problèmes à résoudre.
우리는 투표를 했지만 결정하지 못했어요. 왜냐하면 해결해야 할 문제들이 너무 많았거든요.

E De quels problèmes parlez-vous ?
어떤 문제들에 대해 말하는 거죠?

C Par exemple, on a déjà fait le café l'année dernière et la plupart des étudiants ont préféré la pièce.
예를 들어, 작년에 이미 카페를 했기 때문에 대부분의 학생들이 연극을 선호했어요.

E Alors, quel est le problème ?
그러면 문제가 뭐죠?

C Tout d'abord, on a besoin de l'argent pour préparer des costumes.
무엇보다도, 의상을 준비하기 위해 돈이 필요합니다.

E Je pense que l'école va soutenir des frais. Je vais demander au directeur.
나는 학교가 비용을 지원해줄 것이라고 생각해요. 내가 교장 선생님께 여쭤볼께요.

C Merci. Et puis, il faut choisir la pièce qui n'est pas trop difficile et amusante.
고맙습니다. 그리고 어렵지 않고 재미있는 연극을 선택해야 합니다.

E Je vais me renseigner sur la pièce qui va vous plaire. Et quoi d'autre ?
여러분 마음에 들 연극에 대해 내가 알아볼게요. 그리고 다른 것은요?

C On a aussi besoin de l'espace pour faire des exercices.
우리는 또 연습을 할 수 있는 공간이 필요합니다.

E On a une salle de gym et je vais demander à l'école pour qu'on y utilise après les cours.
우리는 체육관이 있으니까 방과 후에 우리가 사용할 수 있도록 학교에 부탁해 볼게요.

C Merci beaucoup. Je vais annoncer ces nouvelles aux camarades de classe.
대단히 감사합니다. 학급 친구들에게 이 소식을 알리겠습니다.

E Entendu et bonne chance !
알았고 행운을 빌어요!

SUJET 7 le voyage scolaire

Votre école va partir en voyage scolaire. Vous êtes représentant des étudiants et vous discutez avec votre directeur(rice) de l'école sur ce voyage (destination, activité, etc).

[L'examinateur/l'examinatrice joue le rôle de votre directeur(rice).]

주목해야 할 사항들

학생을 대상으로 하는 구술 문제 유형 중에 가장 많이 다루어지는 것이 바로 여행에 관한 주제이다. 학생 대표로서 먼저 교장선생님 역할을 맡은 감독관에게 인사말과 함께 찾아온 용건에 대해 말하는 것으로 대화를 시작한다. 수학여행의 경우 행선지와 관련한 이야기를 할 때 대화의 진행 흐름을 위해 학교에서 정한 장소에 대한 학생들의 의견을 제시해야 한다. 이때 행선지에 대한 문제점을 언급하는 것이 필요한데 왜냐하면 만약 행선지에 문제가 없다면 지시사항에서 언급된 행선지와 관련하여 대화를 이끌어나가기가 어렵기 때문이다. 이에 대한 가장 좋은 방법은 학교에서 정하는 수학여행의 행선지가 흥미나 재미 위주가 아니라 주로 역사나 문화와 관련된 곳이라는 점을 지적하는 것이다.

그리고 수학여행에서 하는 활동 역시 문화적인 학습 위주의 관람이나 프로그램 이외에 학생들이 원하는 활동에 대해 학생 대표로서 학생들의 의견을 전달해야 한다. 예를 들어 저녁에 자유 시간을 갖는 것에 대해 언급할 수 있는데 교장 선생님의 역할을 맡은 감독관은 이에 대해 사고의 위험을 언급하면서 부정적인 입장을 보일 것이다. 이때 발생할 수 있는 문제점들에 대해 인식하고 있다는 점을 강조하면서 충분히 조심하겠다는 의지를 보인다.

학교 행사이니만큼 감독관은 선생님들과 논의를 거친 후에 결과를 알려주겠다고 말할 것이고 응시자는 시간을 내주어 감사하다는 인사말과 함께 대화를 마친다.

SUJET 7 le voyage scolaire 수학여행

Votre école va partir en voyage scolaire. Vous êtes représentant des étudiants et vous discutez avec votre directeur(rice) de l'école sur ce voyage (destination, activité, etc).

[L'examinateur/l'examinatrice joue le rôle de votre directeur(rice).]

당신 학교는 수학여행을 가려고 합니다. 당신은 학생 대표이고 이 여행에 대해 교장 선생님과 토론하세요 (예정지, 활동 등등).

[감독관은 당신의 선생님 역할을 합니다.]

C Bonjour Monsieur (Madame) le (la) directeur (directrice). Je suis venu ici pour vous parler de notre voyage scolaire.
안녕하세요, 교장 선생님.

E Oui, asseyez-vous !
예, 앉으세요!

C L'école a décidé Normandie comme destination du voyage scolaire, n'est-ce pas ?
학교는 수학여행지로 노르망디를 결정하셨죠, 그렇지 않나요?

E Oui. C'est un endroit idéal pour les étudiants parce qu'il y a beaucoup de monuments historiques.
예. 그곳은 많은 역사적인 기념물들이 있기 때문에 학생들에게는 아주 이상적인 장소에요.

C Mais les étudiants ne sont pas d'accord avec l'avis de l'école. Nous pensons que Paris est une ville adéquate pour la destination de notre voyage scolaire.
그렇지만 학생들은 학교의 의견에 동의하지 않습니다. 우리는 파리가 수학여행지로서 적합한 도시라고 생각합니다.

E Pour quelle raison ?
어떠한 이유 때문이죠?

C On peut aussi y visiter les monuments célèbres historiques. D'ailleurs, beaucoup d'étudiants n'ont jamais y visité, alors ce sera une bonne occasion pour eux de visiter la capitale de la France.
우리는 마찬가지로 그 곳에서 역사적인 유명한 기념물들을 방문할 수 있습니다. 게다가, 많은 학생이 아직 그 곳을 방문한 적이 없기 때문에 프랑스의 수도를 방문할 수 있는 좋은 기회가 될 것입니다.

E Entendu. Je vais discuter avec les autres professeurs.
알았어요. 다른 선생님들과 상의를 해 볼게요.

C Merci. Et je voudrais aussi parler de l'activité pendant le séjour du voyage.
고맙습니다. 그리고 또 여행 체류 기간 동안 활동에 대해 말씀드리고 싶습니다.

E Allez-y ! Je vous écoute.
말해보세요!

C On voudrait avoir du temps libre après le programme de l'école.
학교 프로그램 이후에 자유 시간을 갖고 싶습니다.

E Désolé, mais ce sera difficile parce que nous devons penser de votre sécurité. Les professeurs ne peuvent pas vous surveiller tous.
유감이지만 그것은 어려울 거 같은데 왜냐하면 우리는 여러분들의 안전을 생각해야 하기 때문이에요. 선생님들께서 여러분 모두를 돌볼 수는 없어요.

C On le sais bien, mais on veut se promener sur le quai de Seine ou acheter des souvenirs.
잘 알고 있지만 우리는 센느강변을 산책하거나 기념품들을 사고 싶습니다.

E De toute façon. je ne peux pas décider tout seul. Alors, je vais transmettre votre avis aux professeurs.
어쨌거나, 나는 혼자 결정할 수 없어요. 그러니까 여러분들의 의견을 선생님들께 전달할게요.

C Merci. Au revoir, monsieur (madame) le (la) directeur (directrice).
감사합니다. 안녕히 계세요, 교장 선생님.

E Au revoir.
잘 가요.

SUJET 8 le voyage

Vous et votre famille allez faire le voyage et vous renseignez des informations à l'agence de voyage.

[L'examinateur / l'examinatrice joue le rôle de l'agent de voyage.]

주목해야 할 사항들

가족여행과 관련하여 응시자는 여행사 직원 역할을 하는 감독관에게 인사말과 함께 자신이 찾아온 이유에 대해 언급한다. 여행에 대한 어떤 내용을 다루어야 할 지에 대해 지시사항에 나와 있는 것이 없기 때문에 응시자가 여행과 관련한 일반적인 사항들을 구성하여 대화를 이끌어나가야 한다.

우선 여행 행선지와 관련하여서 여행 장소로 알맞은 곳에 대해 질문한다. 이때 가족들의 선호도를 언급하면서 이와 관련한 행선지가 있는지를 묻는다. 그 후에 숙소(호텔, 방 등)와 식사에 대한 이야기를 언급하고 체류 기간을 말한다.

감독관은 자신이 가지고 있는 자료들 중에 이에 부합되는 여행 코스를 추천할 것이다(산, 바다 등). 그리고 그에 대한 간단한 장점을 이야기할 수도 있는데 이런 경우 적당한 반응을 보이는 것 또한 필요하다. 운송 수단 (버스, 기차 등)과 경비 또한 반드시 언급해야 할 사항이다.

마지막으로 여행을 위해 필요한 준비물들이 어떠한 것들이 있는지에 대해 물어보고 감독관이 추천해 준 여행 코스에 대해 가족들과 상의하겠다는 말을 하고 감사의 인사말을 한다.

SUJET 8 le voyage 여행

Vous et votre famille allez faire le voyage et vous renseignez des informations à l'agence de voyage.

[L'examinateur/l'examinatrice joue le rôle de l'agent de voyage.]

당신과 가족은 여행을 하려고 하는데 여행사에게 정보를 문의하세요.

[감독관은 여행사 직원 역할을 합니다.]

E Bonjour. Qu'est-ce que je peux vous aider ?

안녕하세요 ? 무엇을 도와드릴까요?

C Bonjour, monsieur (madame). Ma famille va voyager le mois prochain et j'aimerais avoir des renseignements.

안녕하세요. 우리 가족이 다음 달에 여행을 가려고 하는데 정보를 얻고 싶어요.

E Entendu. Où voulez-vous aller ?

알겠습니다. 어디로 가기를 원하세요?

C On n'a pas encore décidé la destination. Mon père et moi, on veut aller à la montagne tandis que ma mère veut la plage.

예정지를 아직 결정하지 못했어요. 아빠와 나는 산으로 가고 싶은 반면 엄마는 해변가를 원해요.

E Dans ce cas-là, je vous conseille d'aller à Nice parce qu'il y a à la fois la montagne et la plage. D'ailleurs, on organise un voyage en groupe.

그런 경우라면, 니스에 갈 것을 권해요 왜냐하면 산과 바다가 동시에 있거든요. 게다가, 우리가 단체여행을 짜고 있거든요.

C Ah bon ? Et le logement ? On loge dans un hôtel ? Quel est le prix ?

아 그래요? 그럼 숙소는요? 호텔에서 묵나요? 가격은 어떻게 되죠?

E On va loger dans un hôtel de luxe. Et le frais dépend du type de chambre. Par exemple, ça coûte 100 euros pour deux personnes tandis que 150 euros pour trois personnes.

우리는 호화로운 호텔에서 묵게 됩니다. 그리고 비용은 방의 유형에 따라 달라요. 예를 들어, 2인용 방은 100 유로인 반면 3인용실은 150 유로입니다.

C Comme on est trois personnes, je vais choisir la chambre pour trois personnes. Le repas est compris ?

우리가 세 명이니까, 3인용 방을 선택할께요. 식사는 포함인가요?

E Seulement un petit-déjeuner, monsieur.

아침 식사만이요.

C Et puis, quel est le transport ? Le train ou l'autocar ?

그리고 교통은 어떻게 되나요? 기차인가요 아니면 버스인가요?

E On se déplace avec l'autocar.

버스로 이동합니다.

C Quelle est la date de départ et de retour ?

출발 날짜와 도착 날짜는 어떻게 되죠?

E On part au 15 juillet et on reviens au 19.

7월 15일에 떠났다가 19일에 돌아옵니다.

C Bien entendu. Je vais parler avec ma famille et je vais revenir.

잘 알겠습니다. 가족과 말해보고 다시 올께요.

E D'accord. Ne ratez pas cette occasion parce que vous pouvez faire le voyage magnifique avec le bon prix.

알겠습니다. 이 기회를 놓치지 마세요 왜냐하면 좋은 가격으로 훌륭한 여행을 할 수 있으니까요.

C Oui. Merci et au revoir !

예. 고맙습니다 안녕히 계세요!

E Au revoir et à très bientôt !

안녕히 가세요 그리고 곧 뵙기를 바랍니다!

SUJET 9 le retard

Vous êtes en retard au rendez-vous avec votre ami(e). Vous vous excusez à votre ami(e) et vous lui proposez une autre activité.

[L'examinateur/l'examinatrice joue le rôle de votre ami(e).]

주목해야 할 사항들

지시사항에 따라 응시자는 약속시간에 늦게 온 역할을 담당한다. 이 주제와 관련하여 대화는 두 가지로 진행될 수 있는데 그 첫 번째는 약속시간에 늦은 내용이다. 먼저 약속시간에 늦게 도착해서 미안하다는 사과의 말을 하고 늦은 이유에 대해 설명해야 한다. 어떠한 상황으로 인해 늦었는지에 대한 이유는 매우 다양할 수 있기 때문에 친구 역할의 감독관이 납득할 수 있는 합당한 내용으로 꾸며야 하는데 최대한 실제 생활에서 발생할 수 있는 현실감있는 이유를 대야 한다. 예를 들어, 늦게 일어났다든지 약속이 있었다는 것을 잊어버리고 있었다던가 하는 핑계는 매우 성의 없게 들리기 때문에 가급적 피하는 것이 좋다. 대부분의 경우 응시자의 의지와 관계없이 어쩔 수 없는 상황으로 인해 늦었다고 말하는 것이 바람직하다. 예를 들어 지하철을 탔는데 파업을 한다든지 버스를 탔는데 사고가 나서 교통에 문제가 발생했다고 답변할 수 있다.

대화의 두 번째 부분은 또 다른 활동을 제안하는 내용으로 구성하는데 일단 상대방이 좋아하는 내용들과 관련한 것을 제안하는 것이 좋다. 왜냐하면 이유가 어찌되었건 간에 지각을 함으로써 친구에게 불편함을 끼쳤다는 것이 사실이기 때문이다. 예를 들어 좋은 영화가 새로 개봉했는데 친구가 영화를 좋아하는 것을 잘 알고 있다고 말하면서 같이 영화를 보러 가자고 제안한다. 물론 이때 비용은 본인이 부담한다는 점을 언급해야 한다. 그리고 영화를 보고 난 후에 저녁식사를 하거나 아니면 커피 한잔을 마시자는 또 다른 제안도 할 수 있다. 대화 마지막 부분에서는 늦어서 미안하다는 말을 다시 한 번 반복함으로써 대화를 마무리 한다.

SUJET 9 le retard 지각

Vous êtes en retard au rendez-vous avec votre ami(e). Vous vous excusez à votre ami(e) et vous lui proposez une autre activité.

[*L'examinateur / l'examinatrice joue le rôle de votre ami(e).*]

당신은 친구와의 약속에 늦었습니다. 친구에게 사과를 하고 다른 활동을 할 것을 제시하세요.

[감독관은 당신의 친구 역할을 합니다.]

C Excuse-moi ! Je suis en retard.
미안해, 내가 늦었지.

E Voyons ! Ça fait 30 minutes que je t'attends. Je t'ai appelé au moins 5 fois par le téléphone portable, mais tu ne m'as pas répondu.
이거 봐! 너 기다린 지 30분이야. 휴대폰으로 적어도 5번은 너에게 전화했는데 전화를 받지 않더라.

C Excuse-moi encore ! Il n'y avait plus de batterie.
다시 한 번 미안해! 배터리가 없었어.

E Pourquoi est-ce que tu es arrivé(e) si tard ?
왜 이렇게 늦은 거지?

C Ce matin, j'ai pris l'autobus comme d'habitude. Mais, il y avait beaucoup de voitures à cause de la manifestation.
오늘 아침에, 평소처럼 버스를 탔어. 그런데 시위 때문에 자동차들이 너무 많았어.

E Tu aurais dû prendre le métro. C'est rapide et il n'est presque jamais en panne.
En tout cas, le film est déjà commencé.
자네는 지하철을 탔어야지. 빠르고 거의 고장이 나지 않으니까. 어쨌든, 영화는 시작되었어.

C Je ne sais pas comment te dire. Il y a une belle exposition au musée qui n'est pas loin d'ici. On peut y aller si tu veux.
너에게 뭐라고 해야 할 지 모르겠어. 여기서 멀지 않은 곳에 있는 미술관에서 좋은 전시회가 있어. 네가 원하면 같이 가자.

E Pourquoi pas ? De toute façon, on a raté le film, alors ...
안될 것 없지? 어쨌건간에, 영화를 놓쳤으니, 뭐...

C Après, on va dîner au restaurant. Je t'invite. Qu'est-ce que tu en penses ?
그 후에 식당에서 저녁 먹자. 내가 살게. 어떻게 생각해?

E Si tu m'invites, pas de problème.
네가 나를 초대한다면 문제될 거 없지.

C Je connais un restaurant célèbre qui est tout près d'ici et le repas y est vraiment délicieux.
내가 여기서 아주 가까운 곳에 있는 유명한 식당을 알아. 음식은 정말 맛있어.

E Bon, je t'invite à prendre un verre après le repas.
좋아, 식사 후에 내가 한 잔 살게.

C Tu vois ? C'est une journée parfaite même si on a raté le film.
거 봐! 비록 영화를 놓쳤지만 완벽한 하루잖아.

SUJET 10 l'échange

Votre père vous a acheté un téléphone portable hier, mais il ne vous a pas plu. Vous retournez au magasin et vous demandez au (à la) vendeur (vendeuse) de l'échanger en explicant le problème.

[L'examinateur/l'examinatrice joue le rôle du vendeur/de la vendeuse.]

주목해야 할 사항들

상호 역할 분담을 통한 구술 평가 유형들 중에 A2 단계에서 가장 난이도가 높다고 말할 수 있는 부분이다. 즉, 특정 상황과 관련하여 문제점이 제시되고 그 문제점으로 인해 피해를 입었다든가 아니면 항의를 해야 하는 입장을 취하는 것이다. 이를 위해서는 대화의 흐름이 논리적이고 체계적으로 구성되어져야 한다는 점이 평가에 매우 중요한 영향을 끼친다.

지시사항에 따라 응시자는 아버지가 사준 휴대폰을 교환하기 위해 판매점에 가서 판매원 역할을 하는 감독관을 납득시켜 자신이 원하는 바를 이루어야 한다.

먼저 간단한 인사말과 함께 자신이 왜 왔는지에 대해 이야기하는데 이때 휴대폰이 매우 중요한 의미가 있다는 점을 강조함으로써 문제 해결의 필요성이 절실하다는 느낌을 감독관에게 주어야 한다. 예를 들어, 아버지가 대학 입학 선물 또는 생일 선물로 주었다고 말할 수 있다.

다음 단계로는 휴대폰을 왜 교환해야 하는지에 대한 필요성에 대해 이야기해야 한다. 어떠한 문제들이 있는지를 구체적으로 설명해야 하는데 휴대폰의 경우 신제품임에도 불구하고 배터리 수명이 오래가지 못한다는 이유, 전화 통화가 자주 끊어지는 사례들을 들 수 있다. 그렇지 않으면 가격 문제를 언급할 수도 있는데 예를 들어 동일 기종의 친구 휴대폰 가격이 자신의 것보다 훨씬 싸다든가 하는 이유를 댈 수 있다.

이런 문제 해결 유형의 경우 감독관은 내용들 중에 요구를 들어줄 수 없다는 입장을 취하게 되는데 이렇게 함으로써 응시자의 임기응변 대처 능력을 평가하기 위해서이다. 휴대폰의 경우는 새 제품으로 교환해주기 보다는 수리하는 쪽으로 대화를 이끌고나가려 할 것이다. 이때 응시자는 휴대폰이 산지 얼마 되지 않은 제품이고 휴대폰이 당장 필요하다는 이유를 들어 교환해 줄 것을 요구해야 한다.

SUJET 10 l'échange 교환

Votre père vous a acheté un téléphone portable hier, mais il ne vous a pas plu. Vous retournez au magasin et vous demandez au (à la) vendeur (vendeuse) de l'échanger en expliquant le problème.

[L'examinateur/l'examinatrice joue le rôle du vendeur/de la vendeuse.]

아빠가 당신에게 어제 휴대폰을 사주셨는데 당신 마음에 들지 않았습니다. 당신은 상점으로 돌아가서 문제를 설명하면서 교환해줄 것을 판매원에게 요구합니다.

[감독관이 판매인 역할을 합니다.]

E Bonjour. Je peux vous aider ?
안녕하세요, 도와드릴까요?

C Bonjour, monsieur (madame). Mon père a acheté ce téléphone portable chez votre magasin pour mon cadeau d'anniversaire. Mais j'aimerais l'échanger.
안녕하세요, 아빠가 내 생일 선물로 어제 이 휴대폰을 당신 가게에서 샀습니다. 그렇지만 교환을 하고 싶습니다.

E Qu'est-ce qu'il y a ? Il a un problème ?
무슨 일이신데요? 문제가 있나요?

C Oui. Tout d'abord, ce n'est pas un modèle récent.
예. 무엇보다도, 이것은 최신 모델이 아니에요.

E Ah, je l'ai déjà expliqué à votre père, mais il l'a voulu parce que c'était en solde exceptionnelle.
아. 당신 아빠에게 그것을 이미 설명했는데, 이것을 원하셨어요 왜냐하면 할인판매였거든요.

C Mais mon ami a acheté un modèle plus récent que le mien avec le prix moins cher.
그렇지만 내 친구는 내 것 보다 더 최신 모델을 더 싼 가격에 샀어요.

E Ce n'est pas possible. Votre père l'a acheté avec un prix incomparable.
말도 안돼요. 당신 아빠는 이것을 비교할 수 없는 가격에 사신거에요.

C Mais je dis la vérité. Je peux faire venir mon ami si vous voulez.
그렇지만 나는 사실을 말하는 거에요. 원하시면 친구를 오라고 할 수 있어요.

E Bon, à part du prix, vous n'avez pas d'autre problème ?
좋아요, 가격을 제외하고 다른 문제는 없나요?

C Si. j'ai chargé la batterie hier soir, mais il n'y en avait plus ce matin.
있어요. 어제 저녁에 밧데리를 충전했는데 오늘 아침에 더 이상 없었어요.

E Ah bon ? c'est bizarre parce que ça devrait durer au moins un jour.
아 그래요? 이상하네요 왜냐하면 적어도 하루는 지속되야 하는건데.

C Je ne l'ai même pas utilisé pendant la nuit.
심지어 나는 밤에는 사용조차 안했어요.

E D'accord. Alors, qu'est-ce que vous voulez ?
알았습니다. 그러면 무엇을 원하세요?

C J'aimerais échanger avec un autre portable.
나는 다른 휴대폰으로 교환하고 싶어요.

E Dans ce cas-là, vous devez payer un supplément parce que le vôtre est le moins cher.
그런 경우에는, 추가로 돈을 내야 해요 왜냐하면 당신 것이 가장 싼 것이기 때문이에요.

C D'accord. Je peux choisir le modèle ?
알았어요. 내가 모델을 골라도 되나요?

E Bien sûr. Vous avez le reçu ?
영수증 있으신가요?

C Le voilà !
여기 있습니다.

E Merci. Prenez votre temps ! Je reviens tout à l'heure !
고맙습니다. 천천히 고르세요! 잠시 후에 돌아올께요!

SUJET 11 le week-end à la campagne

Votre ami d'enfance habite dans une maison qui est près de la plage. Il vous invite de passer le week-end chez lui. Alors, vous proposez à votre ami(e) d'y aller ensemble. Vous discutez avec lui (elle) sur le voyage. (l'heure du départ et du retour, etc)

[L'examinateur/l'examinatrice joue le rôle du /de la correspondant(e).]

주목해야 할 사항들

지시사항에 따라 응시자는 자신의 어릴적 친구의 집에서 주말을 함께 보낼 것을 친구에게 제안하는 내용으로 대화를 유도해야 한다. 주제를 뽑고 나서 응시자는 무엇보다도 감독관이 어떠한 역할을 하는지에 대해 신경을 써야 한다. 아무리 대화 내용을 알차게 구성했다 해도 역할을 잘 못 이해한 경우 평가 점수를 결코 좋게 받을 수 없기 때문이다. 위 지시사항에는 총 3명이 언급되는데 감독관이 응시자의 어릴 적 친구가 아니라 또 다른 친구라는 것에 유의해야 한다.

대화는 먼저 주말에 시작이 있는지에 대해 물어보는 것으로 시작한다. 지시사항에 함께 여행을 하는 것에 대해 의논하는 것이기 때문에 감독관은 시간이 있다고 답변할 것이다. 그리고 나서 어릴적 친구가 있는데 주말에 자신을 초대했다는 말과 함께 함께 가자는 제안의 말을 꺼낸다. 이때 감독관을 설득하기 위해 감독관이 좋아하는 것과 연관하여 이야기를 진행해야 한다. 예를 들어 감독관이 바다를 아주 좋아하는 것을 알고 있는데 친구 집이 바닷가 근처라 함께 그가 좋아하는 일들을 할 수 있을 것이라고 말한다 (일광욕, 바다요리, 해수욕 등).

그리고 여행에 대해 구체적으로 이야기하는데 지시사항에 있는 출발 시간과 돌아오는 시간에 대해 말한다. 그리고 여행이니만큼 교통편에 대해서도 언급하는데 기차를 타거나 아니면 자동차를 가지고 간다고 하여 감독관으로 하여금 가고자 하는 생각이 더 들게 할 수도 있다. 마지막으로 어디서 언제 만날 것인가에 대해 이야기를 하고 대화를 맺는다.

SUJET 11 le week-end à la campagne 시골에서의 주말

Votre ami d'enfance habite dans une maison qui est près de la plage. Il vous invite de passer le week-end chez lui. Alors, vous proposez à votre ami(e) d'y aller ensemble. Vous discutez avec lui (elle) sur le voyage (l'heure du départ et du retour, etc)

[L'examinateur/l'examinatrice joue le rôle du /de la correspondant(e).]

당신 어릴적 친구가 해변가 가까이에 있는 집에 살고 있습니다. 그가 집에서 주말을 보내라고 당신을 초대했습니다. 그래서 당신은 친구에게 그곳에 같이 갈 것을 제안합니다. 출발 시간과 돌아오는 시간을 정하고 가져가야 할 것들의 목록을 작성하세요.

[감독관은 친구 역할을 합니다.]

C Qu'est-ce que tu fais pendant ce week-end ?
알리스! 너 이번 주말에 뭐할꺼니?

E Je ne sais pas encore. Pourquoi ?
아직 모르겠어. 왜?

C On vient de finir nos examens. Alors, on a besoin de se détendre. Tu ne le penses pas ?
우리 시험이 막 끝났잖아. 그러니까 긴장을 풀 필요가 있어. 그렇게 생각하지 않니?

E Tu as raison. Alors, tu as un projet ?
네가 옳아. 그러면, 너 계획 있어?

C Oui. J'ai un ami qui habite à la campagne et il m'a proposé de passer le week-end chez lui. Tu viens avec moi ?
응. 시골에 사는 친구가 있는데 주말을 자기 집에서 보내자고 나에게 제안했어. 나랑 같이 갈래?

E Pourquoi pas ? Mais, qu'est-ce qu'on fait là-bas ?
안 될거 없지? 그런데 거기서 뭐하지?

C Il y a un lac près de chez lui et on peut pêcher.
친구 집 가까이에 호수가 있으니까 낚시를 할 수 있어.

E Mais je ne sais pas pêcher.
그렇지만 나는 낚시 할 줄 몰라.

C Moi non plus. On peut l'apprendre parce que mon ami sais bien le faire.
나도 마찬가지야. 우리는 낚시를 배울 수 있어 왜냐하면 내 친구가 잘 하거든.

E D'accord. Quand part-on ?
알았어. 언제 떠날건데?

C Il vaut mieux partir tôt pour éviter l'embouteillage parce que c'est la saison des vacances.
교통체증을 피하기 위해서는 일찍 떠나는게 낫지 왜냐하면 휴가기간이니까.

E Comment ça ? On ne part pas en train ?
무슨 소리야? 우리 기차로 안 가니?

C Tu sais ? J'ai 18 ans et j'ai obtenu le permis de conduire le mois dernière. Alors, Je vais demander à mon grand frère de me prêter sa voiture.
너 알아? 나 18살이고 지난 달에 운전면허증을 땄어. 그러니까, 형에게 차를 내게 빌려달라고 부탁할거야.

E C'est bien. Et on revient quand ? Je dois revenir dimanche avant 18 heures parce que je dois faire mes devoirs.
좋아. 그리고 언제 돌아 올 거니? 나 일요일 저녁 6시 전에 돌아와야 해 왜냐하면 숙제를 해야 하거든.

C Ne t'inquiète pas. Mon grand frère aura besoin de sa voiture, alors, je dois revenir avant 17 h.
걱정하지만. 형이 차가 필요할거니까 나는 17시 이전에 돌아와야 해.

E C'est parfait. 완벽하군.

C Mais, on doit acheter un cadeau pour mon ami avant de partir. Comme il adore le film, on va lui acheter un DVD.
그렇지만, 떠나기 전에 친구를 위해 선물을 사야 해. 그 친구가 영화를 아주 좋아하니까, DVD를 그에게 사주자.

E C'est une très bonne idée.
그거 좋은 생각이야.

C Bon, On se voit avant le départ. Je te rappellerai.
좋아, 출발 전에 만나. 전화할게.

E Entendu.
알았어.

SUJET 12 le devoir

Vous aviez le devoir mais vous ne l'avez pas pu faire. Expliquez à votre professeur ce qui s'est passé et vous lui demandez de prolonger le délai.

[L'examinateur / l'examinatrice joue le rôle de votre professeur.]

주목해야 할 사항들

지시사항에 따라 응시자는 먼저 선생님 역할을 하는 감독관에게 숙제를 기한 내에 내지 못한 것에 대한 사과를 해야 한다. 그리고 그 이유에 대해 묻는 감독관이 납득할 수 있을 만한 근거를 제시해야 한다. 학교 과제라는 것이 응시자 혼자에게만 부여된 내용이 아니라는 점을 감안하여 충분히 공감을 가질 수 있는 내용이어야 한다. 그리고 과제를 기한 내에 제출하기 위해 최선을 다했다는 점을 강하게 어필해야 함을 잊지 말아야 한다.

또한 약 3분 가량의 진행 시간을 고려할 때 과제 제출 마감을 연장해 달라고 부탁하는 경우, 감독관은 본인의 잘못으로 인한 것임으로 어느 정도의 손해를 감수해야 한다는 내용의 말을 하게 될 것이다. 이에 대해 이의를 제기하는 식의 대화는 바람직하지 않으며 감독관이 제시하는 날짜와 시간에 과제를 제출할 것을 약속한다. 그리고 기회를 주어서 다시 한 번 감사하다는 말을 절대 잊어서는 안된다.

SUJET 12 le devoir 과제

Vous aviez le devoir mais vous ne l'avez pas pu faire. Expliquez à votre professeur ce qui s'est passé et vous lui demandez de prolonger le délai.

[L'examinateur / l'examinatrice joue le rôle de votre professeur.]

당신은 숙제가 있었는데 하지 못했습니다. 선생님께 무슨 일이 있었는지 설명하고 기한을 연장해줄 것을 부탁하세요.

[감독관은 친구 역할을 합니다.]

C Excusez-moi, monsieur (madame) le professeur ! Je ne peux pas déposer mon devoir aujourd'hui.

죄송합니다, 선생님! 오늘 숙제를 제출하지 못하겠어요.

E Comment ça ? Je vous ai donné le temps suffisant pour faire votre devoir.

무슨 말이죠? 내가 숙제를 할 수 있는 충분한 시간을 주었잖아요.

C Je le sais bien, mais j'avais des problèmes.

잘 알고 있습니다, 그렇지만 사정이 있었어요.

E Parlez-moi ce qui s'est passé.

무슨 일이 있었는지 말해 보세요.

C Voilà. Vous nous avez donné le devoir la semaine dernière et je l'ai fini avant-hier avec mon ordinateur. Après, je suis sorti(e) pour rencontrer mes amis. Quand je suis rentré à la maison et je voulais imprimer mon devoir, mais l'ordinateur était en panne tout d'un coup.

사정은 다음과 같습니다. 선생님께서 우리들에게 지난 주에 숙제를 내 주셨고 나는 컴퓨터로 그저께 숙제들을 끝냈어요. 그리고 나서, 친구들을 만나러 외출을 했죠. 집에 돌아와서 숙제를 프린터하려고 할 때 컴퓨터가 갑자기 고장 났습니다.

E Pourquoi vous ne l'avez pas imprimés avant de sortir ?

왜 외출하기 전에 전체 숙제들을 프린트하지 않았나요?

C Parce que mon petit frère voulait faire du jeu vidéo.

왜냐하면 동생이 비디오 게임을 하고 싶어했기 때문입니다.

E Vous avez essayé de résoudre le problème ?

문제를 해결하기 위해 노력했나요?

C Bien sûr, monsieur. Je suis allé au magasin pour réparer mon ordinateur. Mais le réparateur m'a dit que le disk dur a été endommagé et il ne pouvait pas sauver les documents.

물론입니다. 컴퓨터를 수리하기 위해 상점에 갔습니다. 수선공은 하드디스크가 손상되어서 자료들을 살릴 수 없다고 말했습니다.

E Pourtant, je vous ai dit plusieurs fois que c'était un devoir très important.

그러나, 나는 여러분께 매우 중요한 과제라고 몇 번이나 말했어요.

C Je le sais bien, mais je voudrais vous demander de me donner une autre chance.

잘 알고 있지만 저에게 다시 한 번 기회를 주시기를 부탁드립니다.

E Je ne peux pas faire une exception pour vous. Ce ne sera pas juste pour les autres étudiants.

당신을 위해 예외를 둘 수는 없어요. 그것은 다른 학생들에게 옳지 않아요.

C Comprenez ma situation, s'il vous plaît ! Je vous assure que je l'ai fait.

상황을 이해해 주세요! 내가 숙제를 했다는 것을 단언합니다.

E Bon, mais je ne peux pas vous donner la bonne note.

좋아요, 그렇지만 좋은 점수를 줄 수는 없어요.

C Oui. Jusqu'à quand dois-je déposer le devoir ?

알았습니다. 언제까지 과제를 제출하면 될까요?

E Venez à mon bureau jusqu'à ce vendredi ! N'oubliez pas que ce sera votre dernière chance.

이번 주 금요일까지 내 사무실로 오세요! 학생의 마지막 기회라는 것을 잊지 마세요!

C Bien entendu, monsieur (madame) et merci encore une fois de me donner une autre chance.

잘 알겠습니다, 선생님 그리고 저에게 다른 기회를 주셔서 다시 한 번 감사드립니다.

SUJET 13 l'inscription

Vous voulez apprendre le français et vous allez à l'institut de langue pour vous inscrire. Vous renseignez des informations avec le (la) directeur(rice) (le jour, l'horaire, le niveau, etc).

[L'examinateur/l'examinatrice joue le rôle du (de la) directeur(rice).]

주목해야 할 사항들

언어를 배우기 위해 기관에 등록하는 문제 역시 A2 구술 평가에서 자주 등장하는 주제인데 왜냐하면 대화를 진행해야 할 내용들이 많기 때문이다.

일단, 인사말과 함께 오게 된 이유에 대해 설명해야 하고 정보를 알고 싶다는 말을 한다. 어느 단체가 기관에 특정한 목적으로 등록을 하는 문제의 유형은 감독관이 해당되는 선택 사항들에 관한 자료들을 가지고 있다. 따라서 응시자는 자신이 원하는 요일이나 시간, 그리고 수준을 명확히 밝히고 궁금한 사항에 대해 한 두 가지 질문을 하는 형식으로 대화를 진행하는 것이 좋다.

먼저 무슨 요일에 어떤 수업이 있는지를 물어본다. 수업 내용에 대해서는 회화인지 문법인지를 물으면 되지만 그 후에 수업 수준에 대해 반드시 물어봐야 한다. 이때 A2 시험을 보는 응시자라는 점을 감안하여 프랑스어 초급 단계라는 점을 밝힌다.

학생인 경우 수업을 받아야 하는 점을 생각하여 평일 저녁 시간이나 주말 시간을 선택해야 한다. 그리고 요일과 시간이 정해지면 그 반의 수강생의 수가 많은지를 묻는다.

마지막으로 교재와 관련한 사항과 함께 수강비를 어떻게 지불해야 하는지에 대한 문제를 언급하는데 학생에게 대한 할인 혜택이 없는지를 확인하고 대화를 마무리한다.

SUJET 13 l'inscription 등록

Vous voulez apprendre le français et vous allez à l'institut de langue pour vous inscrire. Vous renseignez des informations avec le (la) directeur(rice) (le jour, l'horaire, le niveau, etc).

[L'examinateur/l'examinatrice joue le rôle du (de la) directeur(rice).]

당신은 프랑스어를 배우길 원하고 그래서 등록하기 위해 어학원에 갑니다. 원장에게 정보를 물어보세오(요일, 시간, 수준 등).

[감독관은 원장 역할을 합니다.]

C Bonjour. Je voudrais m'inscrire au cours de français.
안녕하세요. 프랑스어 수업을 등록하고 싶습니다.

E Oui. Asseyez-vous ! Alors, avez-vous déjà appris le français avant ?
예. 앉으세요! 이전에 프랑스어를 배운 적이 있나요?

C Non. C'est la première fois que j'apprends le français.
아니오. 프랑스어를 배우는 것은 처음입니다.

E Nous avons les trois cours pour le débutant. lundi à 8h, mercredi 8h et samedi 14h, 17h.
초보자반은 세 반이 있어요. 월요일 8시, 수요일 8시 그리고 토요일 오후 2시에요.

C Je ne peux pas suivre les cours du matin parce que je suis lycéen(ne) et je dois aller à l'école.
나는 오전 수업은 들을 수가 없어요 왜냐하면 나는 고등학생이라 학교에 가야 해요.

E Alors, vous avez le choix entre le 14h et 17h du samedi.
그러면 토요일 14시와 17시 사이에 선택을 할 수 있어요.

C Je ne sais pas trop. Qu'est-ce que vous me conseillez ?
잘 모르겠어요. 내게 무엇을 충고해 주시겠어요?

E Je vous conseille de suivre le cours de 17h parce qu'il y a moins de monde. D'ailleurs, le professeur est très gentil et il a beaucoup d'expériences.
17시 수업을 들을 것을 권해요 왜냐하면 사람이 적거든요. 게다가, 선생님이 매우 친절하고 경험이 많으세요.

C Pendant combien d'heures le cours dure-t-il ?
수업은 몇 시간이나 진행되나요?

E Une heure et demie.
한 시간 반이요.

C C'est combien par mois ?
한 달에 얼마죠?

E 300 euros.
300유로에요.

C C'est trop cher. Est-ce qu'il n'y a pas de réduction pour l'étudiant ?
너무 비싸군요. 학생에게는 할인이 없나요?

E Non. Par contre, vous pouvez bénéficier la réduction de 20 % si vous vous inscrivez avant la fin de ce mois.
없어요. 대신에 이번 달 말 이전에 등록하면 20%의 할인 혜택을 받을 수 있습니다.

C Ah bon ? Le cours commence quand ?
아 그래요? 수업이 언제 시작하죠?

E À partir du mois prochain.
다음 달 부터요.

C Et le manuel ?
그리고 교재는요?

E Nous vous l'offrons gratuitement.
우리가 무료로 교재를 제공합니다.

C Je peux payer avec la carte ?
카드로 지불해도 되나요?

E Bien sûr. Et remplissez cette formule d'inscription.
물론이죠. 그리고 이 등록서류를 작성해주세요.

SUJET 14 À la boulangerie

Vous allez à la boulangerie pour commander des viennoiseries. Vous vous renseignez sur les prix. Vous indiquez les quantités, le jour et l'heure pour la livraison.

[L'examinateur / l'examinatrice joue le rôle du vendeur / de la vendeuse.]

주목해야 할 사항들

특정 장소와 관련하여 물건을 구입하는 경우에 해당하는 문제 유형이다. 먼저 인사말과 함께 자신이 찾아온 목적을 밝힌다. 응시자가 Viennoiseries라는 단어의 의미를 모를 수 있어 당황할 수도 있다. 그러나 모든 시험에서 그러하듯이 주어진 자료에 있는 모든 어휘들을 다 알 수는 없다. 제목에서 제빵점이라는 어휘가 나오기 때문에 전체적인 대화를 이끌어가는데 큰 문제가 되지 않으므로 응시자는 설사 모르는 어휘가 나왔다 할지라도 당황하지 않는 것이 중요하다.

먼저 특정한 이유로 인해 주문을 하는 것이기 때문에 그 이유를 간단히 밝히는 것이 좋다(생일 파티). 그리고 빵의 종류들을 주문하는 것과 관련해서는 빵 종류들에 대한 정보가 이미 감독관 자료에 있기 때문에 응시자는 빵의 종류와 가격에 대해 주문하겠다는 반응만을 보이면 된다.

그리고 주문 양과 관련해서는 초대 손님의 수를 반드시 말해야 하며 빵이 필요한 날이나 시간을 정확하게 알려줌으로써 배송에 착오가 있어서는 안된다고 강조한다.

SUJET 14 À la boulangerie 빵집에서

Vous allez à la boulangerie pour commander des viennoiseries. Vous vous renseignez sur les prix. Vous indiquez les quantités, le jour et l'heure pour la livraison.

[L'examinateur/l'examinatrice joue le rôle du vendeur / de la vendeuse.]

당신은 비엔나풍의 빵들을 주문하기 위해 빵집에 갑니다. 가격에 대해 물어보세요. 양, 배달을 위한 날과 시간에 대해 알려주세요.

E Bonjour. Je peux vous aider ?
안녕하세요, 도와드릴까요?

C Oui, je vais faire une petite fête avec mes amis, alors, je voudrais acheter des viennoiseries.
예, 내가 친구들과 작은 파티를 할 것인데 비엔나풍 빵을 사려구요.

E Vous êtes combien ?
몇 분이신데요?

C On est 10 personnes.
10명이요.

E Vous avez des viennoiseries préférées ?
선호하는 비엔나풍 빵이 있으신가요?

C Pas spécialement. D'abord, je voudrais savoir des prix.
Ce croissant nature, ça coûte combien ?
특별히 없어요. 우선 가격을 알고 싶습니다. 크루와쌍은 얼마죠?

E 1, 50 euros.
1,5유로입니다.

C Et cette brioche ?
이 브리오슈는요?

E 2 euros, monsieur (madame).
2유로입니다.

C C'est cher. Ces Beignets à la framboise ?
비싸네요. 이 딸기베네는요?

E 3 euros.
3유로입니다.

C C'est trop cher.
너무 비싸네요.

E Mais ils sont très bons.
하지만 아주 맛있어요.

C Alors, lequel est le moins cher ?
그럼 제일 싼 것이 뭐죠?

E C'est le cooki. 0,50 euros.
이 쿠키입니다. 0,50유로입니다.

C Bon, je voudrais 11 croissants, 6 brioches, 22 cookies et 5 Beignets à la framboise. Ça fait combien ?
그럼 크루와쌍 11개, 브리오유 6개, 쿠키 22개, 딸기 베네 5개요. 그럼 얼마죠?

E Ça fait OOO euros.
OOO 유로입니다.

C Vous pouvez les livrer chez moi ou je dois venir pour les chercher ?
우리 집으로 배달을 해주나요 아니면 내가 찾으러 와야 하나요?

E On peut livrer à votre maison. Indiquez votre adresse et votre numéro de téléphone.
당신 집에 배달해 줍니다. 주소와 전화번호를 알려주세요.

C Les voilà ! La fête sera à ce samedi soir. Alors, vous devez me livrer au moins 17 heures.
여기 있습니다! 파티가 이번 주 토요일 저녁이거든요. 그러니까, 적어도 17시까지는 배달을 해주셔야 해요.

E Il n'y a pas de problème. Vous serez livré avant 17 heures.
문제없습니다. 17시 전에 받으실 거에요.

SUJET 15 rencontre

Vous allez au lycée et vous rencontrez un(e) nouveau (nouvelle) camarade. Vous vous présentez et vous lui posez des questions sur lui (elle) (pays origine, lolisir, etc).

[L'examinateur / l'examinatrice joue le rôle de votre camarade.]

주목해야 할 사항들

역할 분담 학습 주제들 중 가장 무난한 것인데 왜냐하면 기본적으로 프랑스어의 인적사항을 묻고 답하는 내용과 밀접하게 연관되어 있기 때문이다 (이름, 나이, 국적, 기호도 등).

먼저 만나서 반갑다는 인사를 하고 자신에 대해 간단하게 소개하는데 그렇다고 해서 이름 정도만 말해야지 처음부터 나이를 비롯해서 너무 상세하게 말하는 것은 좋지 않다. 예를 들어 친구 역할을 하는 감독관에게 나이를 묻고 자신과 같은 나이라고 말하거나 거주지를 묻고 자신도 같은 동네에 산다는 식으로 대화를 진행해나가는 것이 바람직하다. 또한 원래 고향을 물으면서 자신도 그곳에 가봤었는데 아주 좋았다든가 학교를 옮기게 된 이유를 물을 수도 있다.

이 주제와 관련해서 가장 많은 분량을 할애해야 할 부분은 바로 여가활동이나 기호도와 관련해서이다. 왜냐하면 보다 구체적인 질문을 통해 대화 분량을 확보할 수 있기 때문이다. 예를 들어 영화를 좋아한다고 하면 어떤 종류의 영화를 좋아하는지, 최근에 본 영화는 무엇인지, 어떤 배우를 좋아하는지 등을 묻는다. 스포츠의 경우 역시 어떤 종류의 운동을 좋아하는지 일주일에 몇 번 하는지 등을 물을 수 있다. 그리고 자신도 그것을 좋아하며 가까운 시일내에 같이 영화구경을 가거나 운동을 하자는 제안으로 대화를 끝내면 된다.

SUJET 15 rencontre 만남

Vous allez au lycée et vous rencontrez un(e) nouveau (nouvelle) camarade. Vous vous présentez et vous lui posez des questions sur lui (elle) (pays origine, lolisir, etc).

[L'examinateur/l'examinatricejoue le rôle de votre camarade.]

당신이 고등학교에 갔는데 새로운 학급 친구를 만납니다. 당신을 소개하고 그의 활동에 대해 질문하세요(고향, 여가활동 등)

[감독관은 당신의 친구 역할을 합니다.]

C Salut ! Tu es nouveau (nouvelle) ?
안녕, 너 전학생이니?

E Salut. Oui, aujourd'hui, c'est ma première journée de cette école.
안녕. 응, 오늘이 이 학교 첫 날이야.

C Bienvenue à notre école! Je m'appelle OOO, et toi ?
우리 학교에 온 것을 환영해. 내 이름은 OOO이야, 너는?

E Merci. Je m'appelle OOO.
고마워. 내 이름은 OOO이야.

C Tu es venu(e) d'où ?
너 어디서 왔니?

E Je suis de Nice.
나 니스 출신이야.

C Ah bon ? J'y suis allé(e) pendant les vacances dernières. C'est une très belle ville et il y a une jolie plage.
아 그래? 지난 방학 때 나 거기에 갔었어. 매우 아름다운 도시이고 예쁜 해변가가 있지.

E Oui. C'est une ville idéale pour passer les vacances d'été. Il fait beau et il y a toujours du soleil.
응. 여름 방학을 보내기에 최고의 도시야. 날씨가 좋고 항상 해가 내려 쬐지.

C Alors, pourquoi es-tu venu à cette école ?
그런데 왜 이 학교에 온거야?

E Parce que la compagnie de mon père a été déplacée et ma famille a démenagé ici.
왜냐하면 아빠 회사가 옮겨져서 가족이 이리로 이사했어.

C Tu as des amis ici ?
너 여기 친구들이 있니?

E Non, je n'ai aucun ami ici.
아니 여기 친구가 한 명도 없어.

C Ah bon ? Alors, on peut se voir souvent.
아 그래? 그러면 우리 자주 보자.

E J'aimerais bien, merci.
나야 그러면 좋지.

C Tu aimes le sport ou le cinéma ?
너 운동이나 영화 좋아하니?

E Oui. J'aime surtout le football et je vais au cinéma une fois par semaine.
응. 축구를 특히 좋아하고 일주일에 한 번 극장에 가.

C Il y a un club de sport dans notre école et on joue au football le samedi. Tu veux jouer avec nous ?
우리 학교에 축구 동아리가 있는데 매주 토요일에 축구를 해. 너 우리랑 같이 할래?

E Bien sûr.
물론이지.

C Et puis, un bon film vient de sortir la semaine dernère et on peut le voir ensemble après les cours si tu veux.
그리고 지난 주에 좋은 영화가 개봉했는데 네가 원하면 방과 후에 함께 볼 수도 있어.

C Avec plaisir. Mais je dois passer à la bibliothèque pour emprunter un livre.
기꺼이. 그런데 나 책을 빌리기 위해 도서관에 가야 돼.

E Aucun problème. Je vais t'attendre devant l'entrée de l'école.
아무 문제 없어. 학교 정문 앞에서 너를 기다릴께.

SUJET 16 le travail au café

Vous cherchez un travail pendant les vacances. Vous allez au café et vous discutez avec le (la) cafétier(ère) (condition du travail, horaire, paiement, etc).

[L'examinateur / l'examinatrice joue le rôle du (de la) cafétier(ère).]

주목해야 할 사항들

방학 동안의 파트 타임제 일과 관련한 문제이다. 우선 응시자는 자신이 누구이며 왜 방학 동안에 일자리가 필요한 지에 대해 간략하게 언급한다. 이때 카페 주인 역할의 감독관이 아르바이트 경험이 있냐고 물어볼 수 있는데 이 경우 답변은 두 가지로 생각할 수 있다. 아르바이트를 한 경험이 있기 때문에 잘 할 수 있다고 대답할 수도 있고 그렇지 않으면 처음 해보는 것이지만 열심히 하겠다는 각오를 보일 수도 있다.

본격적으로 지시사항에 나와 있는 구체적인 내용들을 언급해야 하는데 우선 근무 조건과 관련하여 감독관이 제시하는 시간에 대해 학생이라는 점을 감안하여 너무 늦은 시간까지 일하기 어렵다고 이야기 한다. 또는 주말과 같이 특정 요일에만 일할 수 있다고 이야기 할 수도 있다. 그리고 자신이 구체적으로 어떠한 일을 해야 하는지에 대해 묻는다. 파트 타임제이기 때문에 시간 당 지불 비용에 대해서는 묻기만 하고 많다 또는 적다 등의 이의를 제기하지 않는 것이 좋으며 언제부터 일할 수 있냐는 감독관의 질문을 예상하여 언제라도 일할 수 있다는 적극성을 보인다.

SUJET 16 le travail au café 카페에서 일하기

Vous cherchez un travail pendant les vacances et vous allez au café et vous discutez avec le (la) cafétier (ère) (condition du travail, horaire, paiement, etc).

[L'examinateur/l'examinatrice joue le rôle du (de la) cafétier(ère).]

당신은 방학 동안 일자리를 찾고 있고 카페에 가서 주인과 의견을 나누세요 (근무조건, 시간, 지불 등)

[감독관은 카페주인 역할을 합니다]

C Bonjour monsieur (madame). J'ai vu une petite annonce et vous cherchez quelqu'un qui travaille au café avec le temps partiel.
안녕하세요. 광고를 봤는데 파트타임으로 카페에서 일할 사람을 찾고 있으시죠.

E Oui, mais vous avez l'air jeune. Vous êtes lycéen(ne) ?
예, 그런데 어려보이는군요. 고등학생인가요?

C Oui, mais j'ai 19 ans.
예, 그렇지만 저는 19살입니다.

E Pourquoi voulez-vous travailler ?
그런데 왜 일을 하기를 원하죠?

C Parce que j'ai besoin de l'argent. C'est bientôt l'anniversaire de ma maman et j'aimerais lui offrir un cadeau. Et puis, je veux gagner de l'argent de poche moi-même.
왜냐하면 돈이 필요해서 입니다. 곧 엄마의 생일이고 선물을 드리고 싶어요. 그리고 내 스스로 용돈을 벌고 싶구요.

E Vous avez déjà de l'expérience de ce travail ?
이런 일에 경험이 있나요?

C Oui. j'ai travaillé au restaurant l'année dernière.
예. 지난 해에 식당에서 일을 했었습니다.

E À partir de quand pouvez-vous travailler ?
언제부터 일을 할 수 있죠?

C Je peux commencer le travail dès aujourd'hui.
오늘부터라도 일을 시작할 수 있습니다.

E J'ai besoin de quelqu'un qui peut travailler de 11h à 19 h tous les jours sauf le week-end.
나는 주말을 제외하고 13시부터 19시까지 사람이 필요해요

C Aucun problème, monsieur (madame).
아무 문제 없습니다.

E Je vous paie 5 euros par l'heure. Ça vous va ?
시간 당 5 유로를 지불하죠. 괜찮죠?

C Oui. Et pour le repas ?
예. 그리고 식사는요?

E On vous offre le dîner.
저녁을 제공해줘요.

C Qu'est-ce que je dois faire ?
제가 무엇을 하면 되나요?

E Le travail n'est pas très difficile. Vous venez à 11 h et vous faites le ménage. Après, vous prenez une commande et vous offrez la boisson au client.
일은 그다지 어렵지 않아요. 11시에 와서 청소를 하세요. 그 후에 주문을 받고 손님에게 음료수를 제공하세요.

C Entendu. Est-ce qu'il y a quelque chose spéciale que je dois savoir ?
알겠습니다. 제가 알아야 할 특별한 사항이 있나요?

E Pas vraiment. Si vous avez des questions, vous pouvez demander au manager.
딱히 없어요. 질문할 것이 있으면 매니저에게 물어보면 되요.

C Oui. Je commence maintenant ?
예. 지금 시작하나요?

E Non. Venez demain avec votre pièce d'identité !
아니오. 내일 신분증을 가지고 오세요!

C Merci et à demain, monsieur (madame) !
감사합니다 내일 뵐께요!

SUJET 17 le sac perdu

Vous étudiez dans la bibliothèque et vous avez perdu votre sac. Vous parlez avec le bibliothécaire.

[L'examinateur / l'examinatrice joue le rôle du bibliothécaire.]

주목해야 할 사항들

분실과 관련한 문제 유형으로서 특정장소에서 특정한 물건을 분실 또는 도난 당하고 신고하는 내용의 대화를 의미한다. 모든 분실에 대한 주제는 분실하게 된 경위와 분실 내용물이 무엇인지가 가장 대화의 핵심 내용이 된다. 내용 자체가 이 두 가지에 초점이 맞추어지기 때문에 자칫 정해진 시간까지 대화를 이끌어나가지 못할 수도 있다. 이를 대비하여 분실자 역할을 하는 응시자는 대화 마지막 부분에서 분실물 중에 특별한 물건을 지목하여 그것이 자신에게 아주 큰 의미가 있다는 점을 강조하여 반드시 찾아줄 것을 부탁하는 것이 바람직하다.

먼저 도서관에서 가방을 잃어버렸다는 지시사항에 따라 응시자는 사서에게 가 자신이 가방을 분실하였다는 신고를 한다. 사서 역할을 맡은 감독관은 당시 상황을 설명해달라는 말을 할 것이다. 도서관이라는 장소임을 감안할 때 오랜 시간 자리를 비워두지는 않았다는 것을 전제로 잠깐 화장실에 다녀왔다는 이유 정도가 타당하다. 왜냐하면 오랜 시간을 자리를 비워둔 상황의 경우 감독관이 왜 가방을 가지고 나가지 않았냐고 질문할 수 있기 때문이다. 만일 식사와 같이 1시간 정도 자리를 비웠다는 이유를 댔다면 도서관에 사람들이 많아서 자리를 잡기가 어려워서 가방을 두고 나갔다는 정도로 답변해야 한다.

감독관에 따라서 이쯤에서 가방에 어떠한 물건들이 들어 있었는지를 물을 수도 있고 아니면 주변에서 가방을 가지고 갈 만한 사람에 대한 질문을 하면서 상황을 좀 더 끌고 나가려는 의도를 보일 수도 있다. 분실 내용에 대해 묻는 경우는 흔히 학생들이 가지고 다니는 일상용품에 대해 말하면 되고 상황에 대해 묻는다면 가까이에 특정 인물에 대한 인상 착의에 대해 말을 하면 된다.

그리고 두 경우 모두 다 앞에서 언급한 것처럼 분실물들 중에 매우 중요한 가치를 가지는 것에 대해 언급하면서 꼭 찾아줄 것을 부탁한다.

마지막으로 감독관은 분실물을 찾았을 경우를 대비하여 응시자의 연락처를 물을 것이며 이에 답변하면 된다.

SUJET 17 le sac perdu 분실된 가방

Vous étudiez dans la bibliothèque et vous avez perdu votre sac. Vous parlez avec le bibliothécaire.

[L'examinateur/l'examinatrice joue le rôle du bibliothécaire.]

당신은 도서관에서 공부를 하는데 가방을 잃어버렸습니다. 도서관 사서에게 말하세요.

[감독관은 도서관 사서 역할을 합니다.]

E Bonjour. Qu'est-ce que je peux vous aider ?
안녕하세요. 무엇을 도와드릴까요?

C Bonjour. On m'a volé mon sac.
안녕하세요, 가방을 도난당했어요.

E Ah bon ? Racontez-moi ce qui s'est passé !
아 그래요? 무슨 일이 있었는지 말해 보세요!

C Voilà. Je suis allé(e) aux toilettes et mon sac n'était plus là quand je suis revenu.
내가 화장실에 갔었는데 돌아와보니 가방이 없었어요.

E Quelle était votre place ?
자리가 어디였어요?

C Au fond près de la fenêtre.
안쪽 창가 쪽이요.

E Est-ce qu'il y avait quelqu'un à côté de vous ?
당신 곁에 누군가가 있었나요?

C Oui. Un jeune garçon est assis en face de moi. Mais il est déjà sorti.
예. 어린 소년이 내 맞은 편에 앉아 있었어요. 그런데 벌써 나갔어요.

E Il était comment ?
그는 어땠나요?

C Il n'était pas grand et il avait les cheveux très longs. Il a mis les lunettes.
키는 크지 않았고 긴 머리를 하고 있었어요. 안경을 끼고 있었구요.

E Qu'est-ce qu'il y avait dans votre sac ?
가방 안에는 무엇이 있었나요?

C Mon portefeuille avec un peu d'argent, un carnet et le téléphone portable.
약간의 돈이 들어 있는 지갑, 수첩 그리고 휴대폰이요.

E Ne vous inquiétez pas. On a mis la caméra de surveillance parce qu'il y avait beaucoup de vols dans la bibliothèque.
걱정하지 마세요. 도서관에 도난이 많아서 감시카메라를 설치했어요.

C Mais j'ai quitté la place à peine 5 minutes.
내가 겨우 5분 정도 자리를 비웠거든요.

E Faites toujours attention à l'objet personnel !
개인용품에 항상 주의해야 해요!

C Vous avez raison. Et je dois absolument retrouver mon portable parce que je l'ai acheté hier.
당신이 맞아요. 그리고 휴대폰을 꼭 찾아야 되는데 어제 산 것이거든요.

E Nous allons faire de nos mieux. Et on a besoin de votre adresse et le numéro de téléphone pour qu'on puisse vous contacter au cas où on récupère votre sac.
최선을 다할게요. 그리고 당신 가방을 찾았을 경우에 당신에게 연락하기 위해 주소와 전화번호가 필요합니다.

C Les voilà ! Merci et j'attends votre téléphone.
여기에 있습니다! 고맙고 전화 기다릴께요.

E Entendu.
알겠습니다.

SUJET 18 la consultation

Vous avec un rendez-vous avec votre professeur pour la consultation. Vous parlez avec lui (elle) sur votre vie d'école, votre projet d'avenir, etc.

[L'examinateur / l'examinatrice joue le rôle de votre professeur.]

주목해야 할 사항들

개인 신상에 관한 주제로서 이런 유형의 문제는 구술 평가 유형들 중 응시자와 관련한 질의 응답인 첫 번째에 해당하는 부분을 상당부분 응용하면 된다.

학생이라는 점을 감안할 때 상담 선생님 역할을 맡은 감독관은 지시사항에 따라 학교생활에 대해 물을 것이다. 학교생활이란 매우 다양한 내용을 포함할 수 있는데 예를 들어 통학하는데에 어려움, 공부하는데 있어서의 어려움 또는 친구와의 관계 등이 가장 대표적인 사항들이다.

통학하는 것과 관련된 질문이라면 집과 학교와의 거리가 멀거나 또는 가까워서 통학하는데 힘들다거나 아니면 편하고 아무런 문제가 없다는 식으로 답변하면 된다. 감독관이 공부와 관련한 어려움에 대해 묻는다면 특정 과목을 설정하여 말하면 되는데 예를 들어 영어나 프랑스어 같은 외국어를 들어 듣기 또는 말하기와 같은 특정 영역에서 어려움을 겪는다고 말하면 된다. 그렇지 않으면 좋아하는 과목 또는 싫어하는 과목에 대해서도 질문할 수 있음으로 이에 대한 준비를 해야 한다.

앞으로의 계획과 관련해서는 고등학생이라면 대학에 진학하고 어떠한 것을 전공할 것이며 장차 무엇을 하고 싶다는 계획을 말하면 된다. 이 부분에 있어서 구술 평가 1유형에서 응시자들이 많이 활용하는 방법을 적용해도 되는데 예를 들어 프랑스어를 배웠고 프랑스 문화에 관심이 있기 때문에 대학에 진학해서 프랑스어를 전공할 것이라고 말한다. 그 후 프랑스로 가서 공부를 계속하여 프랑스어 선생님이 되고 싶다고 포부를 밝힐 수도 있다. 아니면 특정 직업과 관련해서는 그 직업의 장점을 들어 그 직업을 선택하고자 하는 이유를 밝힌다.

SUJET 18 la consultation 상담

Vous avec un rendez-vous avec votre professeur pour la consultation. Vous parlez avec lui sur votre vie d'école, votre projet d'avenir, etc.

[L'examinateur / l'examinatrice joue le rôle de votre professeur.]

당신은 상담을 위해 선생님과 약속이 있습니다. 당신의 학교생활, 미래의 계획 등에 대해 그와 이야기 하세요.

[감독관은 선생님 역할을 합니다]

C Bonjour, le professeur.
안녕하세요, 선생님.

E Bonjour, asseyez-vous !
안녕하세요, 앉으세요!

C Merci.
고맙습니다.

E Alors, comment ça se passe votre vie d'école ?
그래, 학교 생활은 어떻죠?

C Ça va très bien, monsieur.
아주 좋습니다, 선생님,

E Quelle est la relation avec vos camarades ?
학습 친구들과 관계는 어때요?

C Je m'entends très bien avec eux. Comme je suis nouveau (nouvelle), c'était un peu difficile au début, mais tout se passe bien maintenant.
그들과 아주 잘 지냅니다. 제가 전학생이라, 처음에는 약간 어려웠지만 지금은 모든 것이 좋습니다.

E Tant mieux pour vous. Et vos études ?
다행이네요. 그러면 공부는요?

C À vrai dire, j'ai des difficultés avec certaines matières comme mathématiques ou chimie. Par contre, je m'intéresse beaucoup à l'anglais.
솔직히 말하자면, 수학이나 화학 같은 몇 가지 과목은 어려움을 겪습니다. 반대로, 영어에 관심이 많아요.

E Vous savez ? Il y a beaucoup de groupes d'étude à notre école et vous pouvez travailler avec vos camarades qui sont forts en ces matières.
그거 알아요? 우리 학교에는 많은 스터디 그룹이 있으니까 그런 과목들을 잘하는 학생들과 함께 공부할 수 있어요.

C Je le sais, monsieur (madame). J'ai contacté un groupe et je vais commencer l'étude à partir de la semaine prochaine.
알고 있습니다. 한 그룹과 접촉을 했는데 다음 주부터 공부를 시작할 겁니다.

E Bien. Et qu'est-ce que vous faites le week-end ?
좋아요. 그리고 주말에는 뭘하죠?

C Je rencontre des amis et on va au cinéma ou on fait du sport. Ou bien on travaille à la bibliothèque.
친구들을 만나서 극장에 가거나 운동을 합니다. 그렇지 않으면 도서관에서 공부하구요.

E Je vous ai dit plusieurs fois au cours, mais il est très important de faire du sport pour être en pleine forme.
내가 수업시간에 여러 번 여러분에게 말했지만 건강을 유지하기 위해 운동을 하는 것은 매우 중요해요.

C Je le sais bien, monsieur (madame).
잘 알고 있습니다. 선생님.

E Et qu'est-ce que vous voulez faire après le lycée?
그리고 고등학교 졸업한 후에 무엇을 하고 싶죠?

C Je vais entrer à l'université. J'aimerais devenir professeur d'anglais. Et je voudrais continuer mes études en Angleterre après l'université.
나는 대학에 입학할 거에요. 나는 영어 선생님이 되고 싶습니다. 그래서 대학을 졸업하고 영국에서 공부를 계속하고 싶습니다.

E C'est une très bonne idée. Je suis sûr que vous y arriverez. Bon courage !
아주 좋은 생각이에요. 나는 학생이 성공할 것이라고 확신해요. 용기를 내요!

C Merci, monsieur (madame).
고맙습니다.

E Bon, on va s'arrêter pour aujourd'hui. Retournez à votre classe !
좋아요, 오늘은 여기까지 하죠. 교실로 돌아가세요!

C Oui, monsieur (madame).
예, 알겠습니다.

SUJET 19 à la pension

Vous êtes nouveau (nouvelle) et vous devez habiter dans une pension de l'école. Vous renseignez des informations à votre correspondant(e) (frais, type de chambre, etc)

[L'examinateur / l'examinatrice joue le rôle de votre correspondant(e).]

주목해야 할 사항들

기숙사에 처음 들어간 상황에 대한 문제로서 응시자는 지시사항에 따라 기숙사비, 방의 유형 등을 중심으로 친구 역할을 하는 감독관에게 정보를 물어보는 방식으로 대화를 진행한다.

먼저 가벼운 인사와 함께 감독관에게 기숙사에 들어온 지 얼마 되었는지를 묻는다. 이에 감독관은 지시사항에서 언급한 내용을 충분히 알고 있을 정도로 오래 기숙사에 있었다고 답변할 것이다. 왜냐하면 응시자처럼 기숙사에 들어온 지 얼마 되지 않았다면 정보를 알려줄 정도로 충분하지 않기 때문이다. 따라서 응시자는 감독관에게 기숙사에 들어온 지 꽤 되었으니 내가 알고 싶은 게 있는데 물어봐도 되는지를 묻는다.

기숙사비와 관련해서는 고정적으로 들어가는 비용 이외에 물이나 가스, 전기 사용료와 관련한 내용을 물어봐야 한다. 그리고 생활과 관련해서는 식사는 어떻게 해야 하는지, 세탁물은 어떻게 처리하는지, 귀가 시간은 정해져 있는 것인지 등에 대해 묻는다.

그리고 방의 유형과 관련해서는 현재 자신이 묻고 있는 방의 단점을 들면서 방을 교환하는 것이 가능한 것인지 등에 대해 묻는다.

마지막으로는 앞으로 모르는 것이 있으면 도움을 청해도 되겠냐는 양해 또는 부탁의 말을 한다.

SUJET 19 à la pension 기숙사에서

Vous êtes nouveau (nouvelle) et vous devez habiter dans une pension de l'école. Vous renseignez des informations à votre correspondant(e) (frais, type de chambre, etc)

[L'examinateur / l'examinatrice joue le rôle de votre correspondant(e).]

당신은 신입생이고 학교 기숙사에서 살아야 합니다. 사감에게 정보를 문의하세요(비용, 방의 유형 등).

[감독관은 사감 역할을 합니다.]

C Bonjour, monsieur (madame).
안녕하세요.

E Bonjour, qu'est-ce que je peux vous aider ?
안녕하세요. 무엇을 도와드릴까요?

C Voilà, je viens de changer de l'école et j'aimerais avoir des enseignements sur la pension.
다름이 아니라, 제가 전학을 왔는데요 기숙사에 대한 정보를 알고 싶어서요.

E D'accord. Qu'est-ce que vous voulez savoir ?
알았어요. 무엇에 대해 알고 싶죠?

C Tout d'abord, combien dois-je payer par mois ?
무엇보다도, 한 달에 얼마씩 내야 하나요?

E Vous n'avez pas besoin de le savoir parce qu'il est compris dans vos droits d'inscription. C'est vos parents qui s'en chargeront.
당신은 그것을 알 필요가 없어요 왜냐하면 등록금에 포함되어 있기 때문이에요. 부모님이 책임지실 거에요.

C Je vois. Et puis, combien de personne y a-t-il dans une chambre ?
알겠습니다. 그리고 한 방에 몇 명이 있나요?

E Quatre personnes.
4명이에요.

C Et comment règler le repas ?
식사는 어떻게 해결하나요?

E Il y a une cantine dans la pension, mais il faut bien être ponctuel.
기숙사 안에 구내식당이 있지만 시간을 잘 엄수해야 해요.

C Et puis, est-ce qu'il y a un chauffage ou un climatiseur dans la chambre ?
그리고 방에 난방이나 에어컨이 있나요?

E Oui. ça fonctionne automatiquement et vous n'avez pas besoin de contrôler vous-même.
예. 자동으로 작동되니까 학생 스스로 조절할 필요는 없어요.

C Est-ce qu'il y a des règles que je dois savoir ? 제가 알아야 할 규칙들이 있나요?

E Oui. D'abord, vous devez ranger la chambre avec vos camarades de chambre le dimanche soir.
예. 우선, 매주 일요일 저녁에 룸메이트들과 방을 정리해야 해요.

C Où est-ce qu'on fait la lessive ?
빨래는 어디서 하죠?

E Il y a des machines à linge au sous sol de la pension et vous pouvez y faire.
기숙사 지하실에 세탁기가 있으니까 그곳에서 하면 되요.

C Bien entendu. Jusqu'à quelle heure dois-je rentrer dans la chambre ?
잘 알겠습니다. 몇 시까지 방에 돌아와야 하나요?

E En fait, il n'y pas d'heure limite parce que vous n'avez pas le droit de sortir de l'école sauf le week-end.
사실, 제한 시간은 없어요 왜냐하면 학생은 주말을 제외하고는 학교로부터 외출할 권리가 없기 때문이에요.

C Je vois. Merci et je vais vous demander l'aide au cas où j'en aurai besoin.
알겠습니다. 감사드리고 제가 필요한 경우에 도움을 청할게요.

E D'accord. Au revoir !
알았어요. 안녕히 가세요!

SUJET 20 la visite

Votre ami(e) a visité votre pays pendant les vacances. Vous parlez avec lui (elle) de ce que vous allez faire ensemble (activité, visite, etc).

[L'examinateur / l'examinatrice joue le rôle de votre ami français(e).]

주목해야 할 사항들

친구의 방문과 관련한 주제로서 먼저 응시자는 친구 역할을 하는 감독관을 맞이하는 장면부터 시작한다. pays가 외국이나 지방의 의미를 다 나타내지만 상황을 유리하게 이끌어나가기 위해서는 언어와 문화가 완전히 다른 외국 친구라고 설정하는 것이 바람직하다.

응시자는 한국에 온 것을 환영한다고 말을 하면서 긴 시간의 비행기 여행에 피곤하지는 않냐고 물어본다. 그리고 한국에 대한 첫 인상이 어떠냐는 질문과 함께 한국에서의 일정에 대해 말한다. 이때 자신이 작년 방학, 프랑스를 방문했을 때 친구 가족 덕분에 편안한 여행을 할 수 있었다고 덧붙인다. 그리고 특별히 한국에서 보고 싶은 것이나 하고 싶은 것이 있는지에 대해 묻는다. 시험 자체가 응시자의 구술 능력을 보는 것이기 때문에 감독관이 특별한 장소를 지정하거나 활동을 언급하기 보다는 한국이 처음이라 잘 모르겠다는 식의 답변을 할 확률이 높다.

따라서 응시자는 친구를 위해 해야 할 일들에 대해 구체적인 계획을 세웠다고 말한다. 그리고 한국에서 갈만한 기념물들을 한 두 개 말하고 (덕수궁, 인사동) 특히 한국 음식에 대해서도 언급하는 것이 좋다.

또한 친구가 좋아할 만한 공연이나 이벤트를 예로 들면서 함께 구경하자는 제안을 덧붙인다. 마지막 부분에서는 둘이서 아주 재미있는 시간을 보낼 것이라고 말하면서 대화를 마친다.

SUJET 20 la visite 방문

Votre ami(e) a visité votre pays pendant les vacances. Vous parlez avec lui (elle) de ce que vous allez faire ensemble (activité, visite, etc).

[L'examinateur / l'examinatrice joue le rôle de votre ami français(e).]

당신의 프랑스 친구가 방학동안 당신 나라를 방문했습니다. 그와 함께 할 것에 대해 이야기하세요 (활동, 방문 등)

[감독관은 당신의 프랑스 친구 역할을 합니다]

C Salut ! Bienveue en Corée !
안녕 ! 한국에 온 것을 환영해!

E Merci. Ça va ?
고마워. 잘 지내?

C Oui, ça va. Tu devrais être fatigué(e) parce que tu as pris l'avion pendant 11h.
응, 잘 지내. 너 피곤하겠다 왜냐하면 11시간 동안 비행기를 탔으니까.

E Un peu, oui. C'était la première fois que j'ai pris l'avion si longtemps.
약간 그래. 이렇게 오랫동안 비행기를 탄 것은 처음이었어.

C Alors, dis-moi tout ce que tu veux faire ici !
자, 여기서 네가 하고 싶은 거 다 말해봐!

E En fait, j'ai cherché des informations sur Internet, mais je ne sais pas trop.
사실, 인터넷에서 정보들을 찾았는데 잘 모르겠어.

C Ne t'inquiète pas ! J'ai fait la liste pour toi.
걱정하지마! 내가 너를 위해서 목록을 준비했어.

E C'est vrai ? Merci. Tu es gentil(le).
정말이야? 고마워, 친절하구나.

C De rien. Tout d'abord, on va visiter le palais Deouksou et Kyeongbokgoung demain matin. Après on déjeune au restaurant coréen et les plats sont délicieux.
천만에. 무엇보다도, 내일 아침에 덕수궁이랑 경복궁을 방문할거야. 그리고 나서 한국식당에서 점심을 먹을건데 음식이 맛있어.

E J'ai entendu parler de ces palais. Ce sont des monuments très célèbres. J'aimerais tellement y visiter.
그 궁전들에 대해 말하는 것을 들었어. 매우 유명한 기념물들이지. 꼭 방문하고 싶어.

C Et puis, on va aller à Insadong. C'est l'un des quartiers où beaucoup de touristes visitent. Il y a beaucoup d'objets coréens typiques et on pourra acheter des souvenirs.

그리고 인사동에 갈 거야. 그곳은 많은 관광객이 방문하는 지역들 중에 하나야. 전통 한국 물건들이 많이 있는데 기념품들을 살 수 있을 거야.

E Mon ami a déjà visité la Corée et il m'a parlé de ce quartier.

내 친구가 한국을 이미 방문했는데 나에게 그 동네에 대해 말해주었어.

C Tant mieux. Et il y a un concert l'après-demain. C'est l'un des groupes coréens qui représentent HangRyu. J'ai réservé deux places pour nous.

다행이야. 그리고 모레 콘서트가 있어. 한류를 대표하는 한국 그룹들 중에 하나야. 우리를 위해 표 두장을 예약했어.

E C'est vrai ? Tu sais bien que j'adore les chansons coréennes. Je vais faire la photo et je vais les montrer à mes amis français.

정말이야? 너 내가 한국 노래들을 정말 좋아한다는 거 알잖아. 사진 찍어서 프랑스 친구들에게 보여줄거야.

C C'est une bonne idée. En tout ca, j'ai beaucoup préparé pour que tu puisses passer de bons moments en Corée.

좋은 생각이야. 어쨌든, 네가 한국에서 좋은 시간을 보낼 수 있도록 내가 많이 준비했어.

E Tu es vraiment gentil(le).

너 정말 친절하구나.

C Je t'en prie.

천만에.

SUJET 21 la visite

Vous êtes rentré(e) après avoir voyagé la France pendant les vacances. Vous parlez à votre ami(e) de ce que vous avez fait pendant le séjour (activité, visite, transport etc).

[L'examinateur / l'examinatrice joue le rôle de votre ami(e).]

주목해야 할 사항들

주어진 주제는 응시자가 프랑스 여행을 마치고 돌아와 친구에게 여행에 대해 이야기하는 것이다. 이 문제 유형은 앞의 주제에 비해 응시자의 입장에서 시작이 비교적 부담이 적은 편인데 주로 질문을 응시자가 아닌 감독관이 이끌어나가야 하기 때문이다. 예를 들어 여독에 대한 이야기(장시간의 비행기 탑승, 시차 적응 등)는 응시자가 아니라 감독관의 역할이며 따라서 응시자는 이와 관련된 질문에 대해 조금 피곤하기는 하지만 괜찮다는 식의 답변만 하면 된다.

지시사항에 있는 내용들과 관련해서 감독관은 프랑스에 체류하는 동안 숙소에 대해 먼저 물을 수도 있는데 이 경우 응시자는 프랑스 친구 집에서 묵었다고 말하고 가족들이 아주 친절하게 대해 주었다고 답변한다.

그리고 어디를 다녔는지 무엇을 했는지에 대해 중점적인 질문에 대해 방문한 장소는 잘 알고 있는 명소들(루브르 박물관, 에펠탑, 베르사이유 궁전 등)을 열거하는데 이때 각 장소에 대해 자신이 느꼈던 사항들을 간략하게 덧붙이는 것이 좋다(자신이 그림을 아주 좋아해서 루브르 박물관을 꼭 가보고 싶었고 그 곳에서 모나리자를 비롯한 많은 훌륭한 그림을 보아서 좋았다는 식).

프랑스 체류 동안 했던 활동에 대해서는 프랑스 친구가 자신의 친구들을 소개해 주어서 그들과 함께 영화도 보고 축구도 하거나 또는 카페에서 많은 이야기를 나누었다라고 답변하면 된다. 그리고 이번 여행이 아주 잊지 못할 추억이 되었다고 말하면서 감독관에게 꼭 프랑스를 방문해 볼 것을 권한다는 내용으로 대화를 마무리 한다.

SUJET 21 la visite 방문

Vous êtes rentré(e) après avoir voyagé la France pendant les vacances. Vous parlez à votre ami(e) de ce que vous avez fait pendant le séjour (activité, visite, transport etc).

[L'examinateur/l'examinatrice joue le rôle de votre ami(e).]

당신은 방학동안 프랑스를 여행한 후에 돌아왔습니다. 그가 한 것에 대해 이야기하세요(활동, 방문 등).

[감독관은 당신의 프랑스 친구 역할을 합니다.]

E Salut ! Quand est-ce que tu es revenu(e) de France ?
안녕! 너 프랑스에서 언제 돌아왔어?

C Salut ! je suis rentré(e) la semaine dernière.
안녕! 지난 주에 돌아왔어.

E Alors, c'était comment, ton voyage ?
그래, 너의 여행은 어땠어?

C Il faisait un peu froid, mais c'était agréable.
약간 춥기는 했는데 괜찮았어.

E Tu y es resté(e) combien de jours ?
그곳에 며칠이나 머물렀니?

C Une semaine. Ma famille a passé 3 jours à Paris et on est restés 3 jours à Bordeaux.
일주일. 내 가족은 파리에서 3일을 보냈고 보르도에서 3일을 지냈어.

E Qu'est-ce que vous avez fait à Paris ?
파리에서 뭐했는데?

C On a fait beaucoup de choses. D'abord, on a visité le musée du Louvre et d'Orsay. On a vu la Jonconde et c'était impressionnant. Après, on est allés à l'Arc du Triomphe et on a pris beaucoup de photos.
우리는 많은 것을 했어. 우선, 루브르 박물관과 오르세 미술관을 갔어. 모나리자를 봤는데 인상적이었어. 그리고 나서, 개선문으로 가서, 많은 사진을 찍었어.

E Vous n'êtes pas montés à la tour Eiffel ?
에펠탑에는 안 올라갔니?

C Si. Elle était très haute et ma mère avait peur.
올라갔어. 아주 높았고 엄마가 무서워 하셨어.

E Et le bateau mouche ?
유람선은?

C On voulait le prendre, mais ma sœur avait mal de mer. Alors...
타고 싶었는데 여동생이 배멀리를 했어. 그래서...

E C'est dommage. Mais pourquoi vous êtes allés à Bordeaux ?
유감이야. 그런데 왜 보르도에 간거야?

C Parce que l'ami de mon père avait une grande maison dans cette ville et il nous a invités.
왜냐하면 아빠 친구가 그 도시에 큰 집을 가지고 있어서 우리를 초대했거든.

E Vous avez pris le TGV ?
고속기차를 탔어?

C Oui. Il était vraiment très rapide.
응, 정말 빠르더라.

E Qu'est-ce que vous y avez fait ?
그 곳에서 뭐했니?

C Mon père et son ami ont fait la pêche tandis que ma mère et ma sœur ont fait du shopping.
아빠와 친구분은 낚시를 했고 어머니와 여동생은 쇼핑을 했어.

E Et toi ?
그럼 너는?

C L'ami de mon père avait un garçon et il était du même âge que moi. Alors, j'ai fait du football avec ses amis et nous nous sommes beaucoup parlés de la vie scolaire.
아빠 친구에게 아들이 있었는데 나랑 같은 나이였어. 그래서 그의 친구들과 축구를 하고 학교 생활에 대해 서로 많이 이야기했어.

E Tu étais très content(e) ?
너 매우 만족했니?

C Oui. C'était un beau souvenir pour moi.
응. 나에게는 아름다운 추억이었어.

SUJET 22 Invitation

Vos parents passent ce week-end chez leur ami à la campagne et vous restez seul(e) à la maison. Vous proposez à votre ami(e) de passer chez vous ensemble. Vous lui parlez de ce que vous allez faire.

[*L'examinateur / l'examinatrice joue le rôle de votre ami(e).*]

주목해야 할 사항들

주제가 친구를 주말에 집으로 초대하는 내용으로서 먼저 응시자는 친구 역할을 하는 감독관에게 주말에 시간이 있는지를 묻는다. 지시사항의 내용상 감독관은 시간이 있다고 말해야 하며 응시자는 상황에 대해 설명한다. 이때 상황에 관한 문장들은 지시사항에 나와 있는 내용을 최대한 활용하면 된다(내 부모님이 시골에 살고 있는 친구 집에서 주말을 보낸다).

이 주제에서 가장 중점이 되는 부분은 바로 친구가 집에 왔을 때 무엇을 할 것인가 하는 것이다. 왜냐하면 친구가 놀러 와서 재미있게 시간을 보낼 수 있을 것이라는 생각을 들게 하여 초대를 수락하도록 설득하는 부분이기 때문이다.

이와 관련하여 가장 먼저 제시해야 할 것은 친구가 무엇을 좋아하는지와 관련한 내용을 언급해야 한다는 것이다. 예를 들어, 영화를 좋아한다면 새로 나온 DVD가 집에 몇 개 있으니까 피자를 시켜서 먹으면서 같이 볼 수 있다고 제안할 수 있다. 그렇지 않으면 곧 시험인데 도서관에는 사람이 많을 테니까 집에 와서 같이 공부를 하자는 것도 하나의 제안이 될 수 있다.

만일 친구 역할의 감독관이 초대에 대해 선뜻 수락하지 않거나 망설이는 식의 말을 꺼낼 수도 있다. 이때는 집에 혼자 있는 것을 부모님이 걱정하셔서 친구를 집으로 초대하라는 부탁을 했다고 말함으로써 친구가 초대를 수락하도록 유도하는 것도 방법이 될 수 있다.

SUJET 22 Invitation 초대

Vos parents passent ce week-end chez leur ami à la campagne et vous restez seul(e) à la maison. Vous proposez à votre ami(e) de passer chez vous ensemble. Vous lui parlez de ce que vous allez faire.

[L'examinateur/l'examinatrice joue le rôle de votre ami(e).]

당신 부모님이 이번 주말을 시골에 있는 친구들 집에서 보내고 당신은 집에 혼자 있습니다. 친구에게 함께 집에서 보내자고 제안하세요. 그에게 당신들이 할 것에 대해 이야기하세요.

[감독관은 당신의 친구 역할을 합니다.]

C　Salut ! Qu'est-ce que tu fais ce week-end ?
안녕! 너 이번 주말에 뭐하니?

E　C'est bientôt l'examen et je dois travailler.
곧 시험이라 공부해야 돼.

C　À la bibliothèque ?
도서관에서?

E　Je ne sais pas. Il y aura beaucoup de monde, alors je vais travailler peut-être à la maison.
모르겠어. 사람들이 많을 거라서 아마도 집에서 공부할거야.

C　Est-ce qu'il n'y a pas de matière difficile pour toi ?
너한테 어려운 과목이 없니?

E　Si. Je m'inquiète beaucoup des mathématiques. J'ai besoin de l'aide.
있지. 수학이 많이 걱정되. 도움이 필요해.

C　Tu sais ? Je vais rester seul(e) à la maison ce week-end parce que mes parents vont chez leur ami. Tu peux travailler chez moi si tu veux.
그거 알아? 이번 주말에 나 집에 혼자 있거든 왜냐하면 부모님께서 친구 집에 가실거라서. 네가 원하면 우리 집에서 공부할 수 있어.

E　Je ne sais pas.
모르겠어.

C　Il sera difficile de trouver une place à la bibliothèque parce que c'est la période de l'examen. On pourra travailler tranquillement chez moi.
시험 기간이기 때문에 도서관에 자리를 찾기는 어려울거야. 우리는 내 집에서 조용히 공부할 수 있을 거야.

E Tu le crois ?
그렇게 생각해?

C Bien sûr. D'ailleurs, conme je suis fort(e) en maths, je pourrai t'aider.
물론이지. 게다가, 내가 수학을 잘 하니까, 너를 도울 수 있을 거야.

E C'est vrai. Tu as toujours la bonne note en maths.
사실이야, 너는 항상 수학에서 좋은 점수를 받지.

C Et puis, on peut manger ce qu'on veut. On pourra commander la pizza, le plat chinois, etc.
그리고, 우리는 먹고 싶은 것을 먹을 수 있어. 우리는 피자, 중국 음식 등 시켜먹을 수 있을 거야.

E Ta proposition m'intéresse beaucoup, mais d'abord, je dois avoir l'autorisation de mes parents.
네 제안이 구미에 당기기는 하는데, 우선 부모님의 허락을 받아야 해.

C Aucun problème. Mes parents vont téléphoner aux tiens pour demander l'autorisation.
아무 문제 없어. 내 부모님이 네 부모님께 허락을 받기 위해 전화하실거야.

C Et je vais apporter des DVDs et on pourra les regarder pendant l'heure de repos.
그리고 내가 DVD를 가져오면 휴식 시간에 그것들을 볼 수 있을 거야.

E C'est une bonne idée. Je suis sûr qu'on va bien s'amuser.
좋은 생각이야. 나는 우리가 재미있게 지낼 것이라고 확신해.

C Moi aussi.
나도 마찬가지야.

SUJET 23 au magasin

Vous allez au magasin pour acheter le cadeau d'anniversaire de votre ami(e). Vous discutez avec le(la) vendeur(se) (type du cadeau, prix, etc).

[L'examinateur / l'examinatrice joue le rôle du (de la) vendeur(se).]

주목해야 할 사항들

특정 장소에서 물건을 구입하는 상황과 관련한 문제이다. 손님 역할을 하는 응시자는 먼저 인사말과 함께 자신이 상점에 온 이유를 설명한다. 판매인 역할을 하는 감독관은 찾는 물건이 정확히 무엇인지를 물을 것이며 이때 응시자가 찾는 물건을 정확히 언급하는 경우 대화는 빠르게 전개될 수 있다. 따라서 정해진 시간을 고려한다면 선물을 어떤 것으로 할지 아직 정하지 못했다고 말하면서 도와줄 수 있느냐고 도움을 청하는 방식으로 대화를 유도하는 것이 바람직하다.

감독관이 판매인의 역할을 하기 때문에 질문을 주로 하며 생일 선물로서 두 개 정도를 제시할 것이다. 이때 응시자는 생일 선물을 받을 친구가 좋아하는 것이 무엇인지를 언급하거나 특별한 생일이라는 점을 강조하여 선물 내용을 구체적으로 제한할 수 있다.

그 다음에는 가격에 대한 부분을 언급해야 하는데 감독관이 어떠한 물건을 제시하건 간에 응시자는 값이 너무 비싸다고 하면서 값을 할인받을 수 없냐고 말한다. 감독관은 값을 할인해 주거나 아니면 물건이 좋기 때문에(또는 할인 판매가 이미 적용되기 때문에) 값을 깎아줄 수 없다고 말할 것이다. 어느 쪽이건 간에 응시자는 알았다고 그것을 사겠다고 말하고 선물에 친구의 이름이나 특별한 문구를 넣을 수 있는지 묻는다. 대부분의 생일 선물에는 문구를 넣을 수 있기 때문에 감독관은 가능하다고 말할 것이다. 그러면 원하는 문구를 알려주고 언제 찾으러 오면 되냐고 묻는다. 감독관이 날짜를 말해주면 그 때 다시 오겠다는 말과 함께 인사말을 한다.

SUJET 23 au magasin 상점에서

Vous allez au magasin pour acheter le cadeau d'anniversaire de votre ami(e). Vous discutez avec le(la) vendeur(se) (type du cadeau, prix, etc).

[L'examinateur/l'examinatrice joue le rôle du (de la) vendeur(se).]

당신은 친구의 생일 선물을 사기 위해 상점에 갑니다. 판매원과 상의하세요(선물의 종류, 가격 등).

[감독관은 판매원 역할을 합니다.]

E Bonjour. Vous voulez quelque chose ?
안녕하세요. 원하시는 것이 있나요?

C Bonjour. Je voudrais acheter le cadeau de mon ami.
안녕하세요. 내 친구의 선물을 사고 싶은데요.

E Oui. Quel genre de cadeau voulez-vous acheter ?
예. 어떤 종류의 선물을 사고 싶으신가요?

C En fait, je n'ai pas encore décidé. Vous pouvez m'aider ?
사실, 아직 결정하지 않았어요. 저를 도와주실 수 있나요?

E Bien sûr. Est-ce que c'est le cadeau d'anniversaire ou pour l'entrée de l'université ?
물론이죠. 생일 선물인가요 아니면 대학 입학 선물인가요?

C C'est le cadeau d'anniversaire.
생일 선물이요.

E Qu'est-ce que votre ami(e) aime ? Le sport, le livre ou le jeu vidéo ?
당신 친구가 무엇을 좋아하시나요? 운동, 책 아니면 비디오 게임 ?

C Il (Elle) aime beaucoup le sport, surtout le football.
운동을 아주 좋아하는데 특히 축구요.

E Nous avons des équipements du football : ballon, uniforme, gants. Il joue souvent au football ? Quelle est sa position ?
우리는 축구 장비를 가지고 있어요: 공, 유니폼, 장갑. 그가 자주 축구를 하나요? 위치는 어디인가요?

C Il joue une fois par semaine et il est gardien de but.
그는 일주일에 한 번 하는데 골기퍼에요.

E Dans ce cas-là, je vous conseille d'acheter des gants.
그런 경우라면, 장갑을 살 것을 권합니다.

C　C'est une bonne idée.
좋은 생각이네요.

E　D'ailleurs, il y a une promotion en ce moment et vous les pouvez acheter à la moitié prix.
게다가, 지금 할인 중이라 반 값에 살 수 있어요.

C　C'est vrai ?
정말이요?

E　Et ce n'est pas tout. On offre deux billets d'entrée pour le match de ce week-end.
그리고 그게 다가 아니에요. 이번 주 시합 입장권 두 장을 드립니다.

C　Alors, je vais les acheter. Est-ce que je dois savoir la taille des mains ?
그러면 그것을 살게요. 손 치수를 알아야 하나요?

E　Non, c'est la taille unique.
아니오, 단일 치수에요.

C　Vous pouvez les emballer ?
포장해 줄 수 있나요?

E　Bien sûr. On peut même mettre le nom sur les gants si vous voulez.
물론이죠. 원하시면 장갑에 이름을 새겨드려요.

C　C'est bien. C'est combien ?
좋아요. 얼마죠?

E　25 euros.
25 유로에요.

C　Je peux payer avec la carte ?
카드로 지불해도 되죠?

E　Aucun problème.
아무 문제 없어요.

C　Écrivez "Julien" sur les gants. Et je reviens quand ?
장갑에다 "줄리엥"이라고 써 주세요. 그리고 언제 오면 되죠?

E　Venez demain et ce sera prête.
내일 오시면 준비되어 있을 거에요.

SUJET 24 au club

Vous et votre ami(e) êtes nouveaux et vous voulez vous inscrire au club de votre lycée. Vous discutez avec lui (elle) pour choisir le club (goût, activité, etc).

[L'examinateur/l'examinatrice joue le rôle de votre ami(e).]

주목해야 할 사항들

동아리 선택과 관련한 문제로서 친구와 특정 주제에 대해 의논하거나 상의하는 것은 A2 구술 역할 분담 학습에서 가장 많이 제시되는 방식 중 하나이다.

동아리에 직접 가서 동아리 회원에게 가입에 관한 질문을 하는 것이 아니라는 점에 주의하면서 대화를 유도해간다. 먼저 친구 역할을 하는 감독관에게 동아리를 선택했냐고 묻는 것으로 대화를 시작한다. 감독관은 당연히 아직 선택하지 않았다고 말할 것이며 본격적으로 대화를 유도한다. 생각해둔 동아리가 있는지를 묻고 있다고 하면 왜 그 동아리를 선택하려고 하는지에 대한 이유를 묻는다. 그러나 대부분 이런 경우 감독관은 아직 결정하지 않았다고 말할 것이다. 왜냐하면 대화를 이끌어나가야 할 사람은 응시자이고 응시자가 대화를 주도해 나갈 수 있는 여건을 만들어야 하기 때문이다.

응시자는 동아리를 선택함에 있어서 먼저 자신의 기호도와 관련이 있거나 아니면 그 동아리가 갖는 장점을 설명해야 한다. 사실 동아리 선택에 있어서는 응시자의 성별에 따라 좌우되는 경향이 있다. 만일 응시자가 남자인 경우 주로 스포츠와 관련된 동아리에 대해 언급하고 여자인 경우는 독서클럽이나 방송반 또는 봉사활동반 등도 괜찮은 선택이다.

그리고 동아리 활동과 관련하여 주로 어떤 활동을 하는지 모임은 한 달에 몇 번이나 갖는지 등에 대해서도 이야기를 나눠야 한다.

SUJET 24 au club 동아리에서

Vous et votre ami(e) êtes nouveaux et vous voulez vous inscrire au club de votre lycée. Vous discutez avec lui (elle) pour choisir le club (goût, activité, etc).

[L'examinateur/l'examinatrice joue le rôle de votre ami(e).]

당신과 친구는 신입생이고 당신 고등학교의 동아리에 가입하려고 합니다. 동아리를 선택하기 위해 친구와 상의하세요 (취미, 활동 등).

[감독관은 당신 친구 역할을 합니다.]

E Tu as choisi le club ?
너 동아리 선택했니?

C Non, pas encore. Je ne sais pas à quel club je dois m'inscrire parce qu'il y en a beaucoup. Et toi ?
아니, 아직. 동아리가 많아서 어떤 것을 가입해야 할지 모르겠어. 그러는 너는?

E Moi non plus. Il faut bien réfléchir parce qu'on ne peut pas changer de club une fois qu'on s'y inscrit.
나도 마찬가지야. 심사숙고 해야 하는 것이 일단 가입하면 동아리를 바꿀 수가 없으니까.

C Tu as raison. Moi, j'aime lire et je vais peut-être m'inscrire au club de lecture. Qu'est-ce que tu en penses ?
네가 옳아. 나는 독서를 좋아해서 아마도 독서 동아리에 가입할까 해. 어떻게 생각해?

E Je crois que c'est une bonne idée. Il faut avant tout considérer le goût avant de choisir un club. Qu'est-ce qu'on fait dans ce club comme activité ?
좋은 생각이라고 생각해. 동아리를 결정하기 전에 무엇보다도 먼저 취미를 고려해야 해. 그 동아리는 어떤 활동을 하는데?

C On se réunit une fois par semaine et on se discute sur le livre que chacun a lu.
일주일에 한 번 모여서 자신이 읽었던 책에 대해 토론해.

E Une fois par semaine ? Ça ne dérangera pas à tes études ?
일주일에 한 번이라구? 네 공부에 방해되지 않겠어?

C Je suis en première année, alors ça ne me dérangeras pas trop.
1학년이니까 그렇게 방해되지는 않을 것 같아.

E Tu as peut-être raison. En tout ca, ça ne m'intéresse pas beaucoup parce que j'aime l'activité plutôt active.
네가 옳을 수도 있겠다. 어쨌건 간에, 난 흥미 없어 왜냐하면 나는 좀 더 활동적인 활동을 좋아하거든.

C Alors, tu n'as qu'à choisir le club de sport.
그러면 스포츠 동아리를 선택하면 되잖아.

E En fait, j'hésite entre le club de football et celui de tennis. J'aime tous les deux.
사실, 축구 동아리랑 테니스 동아리 중에 망설이고 있어. 나는 둘 다 좋아하거든.

C Ah, tu étais ancien footballeur, n'est-ce pas ?
아, 너 축구선수였잖아, 안 그래?

E Oui, c'est un sport très dur et on peut se blesser facilement.
응, 아주 힘든 운동이고 쉽게 부상 당할 수 있어.

C Dans ce cas-là, tu dois t'inscrire au club de tennis.
그렇다면, 테니스 동아리에 가입해야 해,

E Mais je dois acheter des équipements moi-même et ça coûtera cher.
그렇지만 장비들을 내 스스로 사야 하고 비쌀거야.

C Tu n'as pas de raquette ?
너 라켓 없어?

E Non. J'ai joué au tennis jusqu'à maintenant avec la raquette de mon grand frère. Mais il est entré dans un foyer universitaire et il va jouer au tennis, lui aussi.
아니, 지금까지는 형 라켓으로 테니스를 쳤는데 형이 대학 기숙사에 들어갔고 형도 테니스를 칠거야.

C Je peux te prêter ma raquette si tu veux. Ce n'est pas une bonne qualité, mais il n'y aura pas de problème pour jouer au tennis.
네가 원한다면 내 라켓을 너에게 빌려줄게. 좋은 거는 아니지만 테니스를 치는데는 문제가 없을거야.

E Tu peux le faire pour moi ? Merci. Tu es gentil(le).
나를 위해 그렇게 해줄 수 있어? 고마워. 친절하구나.

C De rien. On se voit demain à l'école et je l'apporterai.
천만에. 내일 학교에서 봐 내가 그것을 가져올게.

E D'accord. À demain, alors !
알았어. 그럼 내일 봐!

SUJET 25 au magasin

Vous allez au magasin pour acheter un ordinateur. Vous renseignez des informations au vendeur (à la vendeuse).

[L'examinateur/l'examinatrice joue le rôle du (de la) vendeur (vendeuse).]

주목해야 할 사항들

특정 장소에서 특정 상품을 구입하는 상황에서 가장 많이 제시될 수 있는 것이 바로 휴대폰 또는 컴퓨터라는 점에서 반드시 익혀두어야 할 유형이다.

먼저 응시자는 인사말과 함께 컴퓨터를 사러 왔다는 목적을 말하면서 선택에 도움을 청한다. 컴퓨터 구입시 가장 먼저 고려해야 할 사항은 속도임으로 판매자 역할을 하는 감독관이 제시하는 컴퓨터에 대해 속도가 빠른지를 묻는다. 그리고 하드 디스크(disque dur) 용량은 어떠한지도 물어보는데 이때 자신이 게임을 많이 하거나 영화를 본다는 이유를 들어 용량이 커야 한다는 점을 강조할 수 있다. 또한 에프터 서비스(après-vente) 기간은 얼마인지를 물을 수도 있다.

그리고 가장 중요한 가격에 대해 묻는데 감독관이 제시하는 가격에 일단 비싸다고 말한다. 감독관이 가격에 비해 성능이 우수하다는 말을 한다 할지라도 가격이 부담스럽다는 이유를 들어 할인 판매되는 컴퓨터가 없는지를 묻는다. 감독관이 어떠한 방식으로 말을 하건 응시자는 가격이 비싸기 때문에 당장 결정할 수 없고 일단 집에 가서 부모님과 상의를 하고 다시 오겠다는 말을 한다.

SUJET 25 au magasin 상점에서

Vous allez au magasin pour acheter un ordinateur. Vous renseignez des informations au vendeur (à la vendeuse).

[L'examinateur/l'examinatrice joue le rôle du (de la) vendeur (vendeuse).]

당신은 컴퓨터를 사기 위해 상점에 갑니다. 판매원에게 정보를 문의하세요(기능, 가격 등).

[감독관은 판매원 역할을 합니다.]

E Bonjour. Vous voulez quelque chose ?
안녕하세요. 찾는 것이 있나요?

C Oui. J'aimerais acheter un ordinateur. Alors, vous pouvez m'aider ?
예. 컴퓨터를 사고 싶어요. 도와주시겠어요?

E Bien sûr. Qu'est-ce que vous voulez savoir ?
물론이죠. 무엇을 알고 싶으세요?

C Quel ordinateur est-il adéquat pour moi ?
어떤 컴퓨터가 저한테 적합할까요?

E Ça dépend. Plus le prix est cher, plus l'ordinateur fonctionne bien. Donc, vous devez d'abord décider le prix.
경우에 따라 달라요. 가격이 비쌀수록, 컴퓨터가 기능이 좋아요. 따라서 우선 가격을 결정해야 해요.

C En fait, je suis lycéen(ne) et je n'ai pas besoin d'ordinateur qui a de bonne qualité.
사실, 나는 고등학생이라 좋은 품질의 컴퓨터가 필요하지 않아요.

E Dans ce cas-là, je vous recommande celui-ci. Ce n'est pas cher parce qu'il est en promotion.
그런 경우라면, 이것을 추천해 드려요. 할인판매 중이기 때문에 비싸지 않아요.

C Ça marche bien ? 작동은 잘 되나요?

E Bien sûr. C'est un modèle de l'année dernière, mais il a de bonne qualité.
물론이죠. 작년 모델이지만 품질이 좋아요.

C Comment est la vitesse ? 속도는 어떤가요?

E Il est très rapide et vous n'aurez aucun problème quand vous naviguez sur Internet.
아주 빨라서 인터넷 서핑할 때 아무 문제도 없을 거에요.

C Et quels sont les autres avantages ?
그리고 다른 장점들은 뭐죠?

E Il est très léger et vous pouvez le déplacer facilement.
아주 가벼워서 쉽게 옮길 수 있습니다.

C Ah bon ?
아 그래요?

E Et puis, on vous offre la souris et le clavier sans fil. Ça coûte cher si vous les achetez.
그리고 마우스하고 광 자판기를 드려요. 이것들을 사려면 값이 비싸요.

C Vous avez raison. Et comment faire quand il est tombé en panne ?
당신 말이 맞아요. 그리고 고장이 나면 어떻게 하죠?

E Ne vous inquiétez pas. On le répare gratuitement parce qu'il a la garantie de deux ans.
걱정하지 마세요. 2년 보장이기 때문에 무료로 고쳐드립니다.

C Alors, c'est combien ?
그러면 가격이 얼마죠?

E 1000 euros.
1000 유로입니다.

C C'est trop cher.
너무 비싼데요.

E Mais je suis certain que vous ne le regretterez pas.
그렇지만 후회하지 않을 것을 나는 확신해요.

C Je ne peux pas décider maintenant. Je vais parler avec mon père et je reviendrai.
지금 결정할 수가 없네요. 아빠와 이야기를 하고 다시 올게요.

E Oui, mais dépêchez-vous ! Il n'en reste qu'un.
예, 하지만 서두르세요! 딱 한 대 남았어요.

SUJET 26 dans un hôpital

Vous allez à l'hôpital parce que votre ami(e) a eu un accident de voiture et il(elle) est à l'hôpital. Vous parlez avec lui (elle) sur son accident (lieu d'accident, la cause, état de santé, etc).

[L'examinateur/l'examinatrice joue le rôle de votre ami(e).]

주목해야 할 사항들

병원에 친구 병문안과 관련된 주제로서 대화 방향은 방문자인 응시자가 사고당한 친구의 역할을 하는 감독관에게 질문하고 답변하는 방식으로 진행된다.

먼저 친구에게 무슨 일이야? 라는 말과 함께 친구가 병원에 사고를 당해 입원해 있다는 소식을 듣고 달려온 것이라고 말한다. 그리고 사건 경위에 대해 자세히 질문한다. 우선 사고가 난 때와 장소에 대해 묻고 원인이 무엇인지를 묻는다. 이때 중요한 것은 감독관이 대답을 할 때마다 리액션을 보여야 한다는 것이다. 예를 들어, 지난밤에 사고를 당했다고 했다면 어디에 가고 있었는지, 왜 그 장소에 있었는지에 대해 추가적인 질문을 한다. 또, 사고를 당한 상황과 관련해서는 정말 큰일 날 뻔 했었다는 말을 한다. 또한 현재 몸 상태는 어떠한지에 대해서도 반드시 물어봐야 하는데 다친 부위나 상태의 심각성에 대해 묻는다.

마지막으로 감독관이 사고로 인해 무엇인가 해야 할 일을 하지 못하여 걱정을 하는 방식으로 말을 하는 경우(학교 결석으로 인한 공부 걱정) 무조건 자신이 도와줄 테니 걱정하지 말고 몸 관리에만 신경쓰라는 말을 한다. 그리고 마지막으로 가까운 시일 내에 다시 오겠다고 말한다.

SUJET 26 dans un hôpital 병원에서

Vous allez à l'hôpital parce que votre ami(e) a eu un accident de voiture et il(elle) est à l'hôpital. Vous parlez avec lui (elle) sur son accident (lieu d'accident, la cause, état de santé, etc).

[L'examinateur/l'examinatrice joue le rôle de votre ami(e).]

당신은 병원에 가는데 왜냐하면 당신 친구가 자동차 사고를 당해 병원에 있기 때문입니다. 그와 사고에 대해 말하세요 (사고 장소, 원인, 건강 상태 등).

[감독관은 당신 친구 역할을 합니다.]

C Jean ! Qu'est-ce qui t'est arrivé ?
장 ! 너한테 무슨 일이 생긴거야?

E Salut ! Comment tu savais que je suis hospitalisé(e) ?
안녕! 내가 입원한 줄 어떻게 알았어?

C Paul m'a dit que tu as eu un accident de voiture. Mais, qu'est-ce qui s'est passé ?
뽈이 네가 자동차 사고를 당했다고 나에게 말해 주었어. 도대체 무슨 일이 있었던거야?

E Hier, j'étais en train de traverser la rue devant l'école et j'étais renversé(e) par une voiture.
어제, 학교 앞에 있는 길을 건너고 있었는데, 차에 치였어.

C Oh là là ! Le conducteur ne t'a pas vu ?
오 이런! 운전자가 너를 보지 못했니?

E Non. Il était en train d'envoyer un message par son téléphone portable.
아니. 그는 휴대폰으로 문자를 보내고 있었던 중이었어.

C Ce n'est pas vrai. Il a complètement perdu l'esprit. Que le docteur a-t-il dit?
말도 안돼. 완전히 정신이 나갔구나. 의사가 뭐래?

E Je me suis cassé(e) le bras et il faut examiner mon état de santé en détail.
팔이 부러졌고 내 건강상태를 상세히 검사해야 해.

C Tu es gravement blessé(e).
너 심각하게 다쳤구나.

E Je m'inquiète beaucoup parce que c'est bientôt l'examen. Je ne sais pas jusqu'à quand je dois rester ici.
나는 걱정이 많은데 왜냐하면 곧 시험이기 때문이야. 나는 여기에 언제까지 있어야 할지 몰라.

C Mais ta santé est la plus importante, n'est-ce pas ? Je suis sûr que le professeur prendra des mesures adéquates.
그렇지만 네 건강이 제일 중요해, 그렇지 않니? 선생님이 적절한 조치를 취해 주실 거라고 나는 확신해.

E Je l'espère.
그러기를 바래.

C Tes parents s'inquiètent beaucoup de toi.
부모님이 너에 대해 걱정이 많으시겠다.

E Oui. Ils viennent tous les jours pour me soigner.
응. 나를 보살피기 위해서 매일 오셔.

C Je vais venir le plus souvent possible. Je vais noter ce qu'on apprend pendant les cours et tu pourras travailler avec ça.
나도 최대한 자주 올게. 내가 수업 동안 배운 것을 적을 테니까 너는 그것으로 공부할 수 있을 거야.

E Tu peux le faire pour moi ? Merci beaucoup.
나를 위해 그렇게 해줄 수 있어? 정말 고마워.

C De rien. Tu aurais pu faire comme moi si tu étais à ma place. En tout cas, prends bien de ta santé !
천만에. 네가 나였더라도 나처럼 했을거야. 어쨌든, 건강에 유의해!

E D'accord. Merci encore d'être venu(e).
알았어. 와줘서 다시 한 번 고마워.

SUJET 27 chez le médecin

Vous êtes malade et vous allez chez le médecin. Vous le consultez et vous lui posez des questions sur les médicaments de l'ordonnance.

[L'examinateur/l'examinatrice joue le rôle du médecin.]

주목해야 할 사항들

응시자가 환자로서 의사의 역할을 하는 감독관을 찾아가서 병에 대해 진찰을 받는 상황의 문제이다.

응시자는 우선 감독관에게 자신의 몸 상태가 어떻게 안 좋은지에 대해 설명해야 하는데 심각한 병보다는 감기를 예로 드는 것이 가장 좋다. 왜냐하면 그러한 병에 걸린 이유까지 덧붙여서 이야기해야 하기 때문이다.

감독관은 어디가 좋지 않냐고 질문을 할 것이며 응시자는 전형적인 증상인 기침을 하고(tousser), 온 몸이 쑤시고(mal partout) 잠을 잘 자지 못했다(mal dormi) 등을 이야기 한다. 무슨 일이 있었는지에 대해 묻는 감독관의 질문에 남학생의 경우는 비를 맞으면 친구들과 운동을 했다고 말하고 여학생의 경우는 친구와 비를 맞으며 장시간 걸었다고 이야기하는 것이 바람직하다.

감독관은 진찰하는 듯한 제스처를 통해 체온을 재고 열이 있으며 감기에 걸렸다고 말할 것이다. 그리고 처방전을 줄 테니 약을 먹고 충분한 휴식을 취할 것을 권할 것이다.

응시자는 지시사항에 있는 약과 관련하여 언급해야 하는데 가장 좋은 것은 약이 너무 강하지 않은지(fort), 아니면 특정 약에 매우 민감하다(très sensible)고 말해야 한다.

SUJET 27 chez le médecin 의원에서

Vous êtes malade et vous allez chez le médecin. Vous le consultez et vous lui posez des questions sur les médicaments de l'ordonnance.

[L'examinateur/l'examinatrice joue le rôle du médecin).]

당신은 아프고 의사에게 갑니다. 진찰을 받고 처방전의 약들에 대해 그에게 질문하세요.

[감독관은 의사 역할을 합니다.]

E Bonjour. Qu'est-ce que vous avez ?
안녕하세요? 무슨 일이죠?

C Bonjour, docteur. Je suis très malade depuis hier soir.
안녕하세요, 의사선생님. 어제 저녁부터 많이 아파요.

E Vous avez de la fièvre ?
열이 있으세요?

C Oui. En plus, je tousse et j'ai froid.
예, 게다가 기침을 하고 추워요.

E Vous avez aussi mal à la tête ?
머리도 아픈가요?

C Oui. j'ai la migraine et j'ai mal dormi la nuit dernière.
예, 두통이 있어서 어제 저녁에 잠을 잘 못잤어요.

E Qu'est-ce que vous avez fait hier ?
어제 무엇을 했나요?

C J'ai joué au football avec mes amis après l'école. Après, j'ai pris la douche avec l'eau froide.
방과 후에 친구들과 축구를 했어요. 그리고 나서, 찬물로 샤워를 했습니다.

E La gorge vous pique aussi ?
목도 따가운가요?

C Oui, je n'ai pas pu manger à cause de ça.
예, 그것 때문에 먹지를 못했어요.

E Vous avez un rhume. Je vais vous faire une piqûre et achetez des médicaments selon cette ordonnance.
감기에 걸렸군요. 주사를 맞고 이 처방전으로 약을 사세요.

C Ils ne sont pas trop forts ? Je dois travailler tard parce que j'ai un examen demain.
약이 너무 독하지는 않나요? 내일 시험이라 늦게까지 공부해야 하거든요.

E Ne vous inquiétez pas ! Mais prenez beaucoup d'eau et reposez-vous bien !
걱정하지 말아요! 그렇지만 물을 많이 마시고 충분한 휴식을 취하세요!

C Ça prendra combien de jours pour guérir ?
낫는데 며칠이나 걸릴까요?

E Comme vous êtes jeune, vous allez guérir très vite.
당신은 젊으니까, 매우 빨리 나을거에요.

C Je l'espère.
그러기를 바랍니다.

E Venez sans hésiter si vous vous sentez mal !
아프다고 생각되면 망설이지 말고 오세요!

C Entendu. Merci, docteur.
알았습니다. 고맙습니다, 의사선생님.

SUJET 28 devoirs

Votre professeur vous donne un devoir et vous et votre ami(e) devez travailler en groupe. Vous discutez avec lui (elle) pour décider le sujet et le moyen du travail.

[L'examinateur / l'examinatrice joue le rôle de votre ami(e).]

주목해야 할 사항들

과제와 관련한 문제로서 대화는 크게 주제를 정하는 것과 어떻게 학습을 할 것인가 하는 두 가지 방향으로 나뉘어진다.

먼저 친구 역할을 하는 감독관에게 선생님이 내준 과제와 관련하여 주제를 정한 것이 있는지를 물으면서 대화를 시작한다. 내용이 주제에 대해 토론하는 것이기 때문에 주제를 정하지 못했다고 답변할 것이다. 응시자는 친구에게 아이디어가 있는지를 묻고 역시 없다고 답변하면 과제 내용에 대해서는 지시사항에서 구체적으로 언급한 것이 없기 때문에 주제 선정과 관련한 자신의 의견을 내놓아야 한다. 이때 선생님이 과제를 내준 의도가 무엇인지에 대해 언급하는 것이 중요하다. 예를 들어 선생님이 프랑스 문화에 대해 평소 강조를 많이 했으니까 파리를 중심으로 한 기념물들의 역사를 주제로 정하자고 말하는 것도 한 방법이다. 또한 이미지를 첨부하는 것이 좋을 듯 하다는 의견을 낸다.

그리고 학습 방법과 관련해서 도서관에서 방과 후에 만나서 공부를 한다든가 아니면 응시자 집으로 와서 주말에 함께 하자는 식의 제안을 한다.

SUJET 28 devoirs 과제

Votre professeur vous donne un devoir et vous et votre ami(e) devez travailler en groupe. Vous discutez avec lui (elle) pour décider le sujet et le moyen du travail.

[L'examinateur / l'examinatrice joue le rôle de votre ami(e).]

당신 선생님이 과제를 주었고 당신과 당신 친구는 그룹으로 공부를 해야 합니다. 주제와 과제 방법을 결정하기 위해 그와 논의하세요.

[감독관은 당신 친구 역할을 합니다.]

C Alors, tu as pensé du sujet de devoir ?
그래, 너 과제 주제에 대해 생각해 봤니?

E Oui, mais ce n'est pas facile de le trouver.
응, 근데 주제를 찾는게 쉽지 않아.

C C'est vrai. Moi, j'ai choisi deux sujets : le téléphone portable et la pollution d'environnement.
사실이야. 나는 두 가지 주제를 선택했어: 휴대폰이랑 환경 오염.

E Je pense que les deux ne sont pas mal comme sujet de devoir.
두 가지 다 과제 주제로 나쁘지 않은 것 같아.

C À mon avis, ils ont des qualités et des défauts.
내 의견에는 이것들이 일장일단이 있어.

E Explique-moi plus précisément !
좀 더 구체적으로 나에게 설명해 봐!

C En ce qui concerne le premier sujet, on peut le finir vite. On n'a qu'à parler des avantages et des défauts.
첫 번째 주제와 관련해서는 빨리 끝낼 수 있어. 우리는 장점과 단점에 대해서만 말하면 되.

E Alors, quel est le problème ?
그런데 뭐가 문제가 있는데?

C Comme le sujet est trop facilement imaginable, les autres peuvent aussi le choisir comme sujet de devoir.
주제가 너무 쉽게 상상할 수 있는 것이라서, 다른 애들도 과제 주제로 이것을 선택할 수 있다는 거지.

E Tu as raison.
네가 옳아.

C D'ailleurs, tout le monde peut suggérer le contenu de notre exposé.
게다가, 모든 사람이 우리의 발표 내용을 짐작할 수 있어.

E Et pour le deuxième sujet ?
그러면 두 번째 주제는?

C Le sujet est très intéressant parce qu'on parle beaucoup en ce moment du problème de l'environnement.
주제는 매우 흥미로운데 왜냐하면 요새 환경 문제에 대해 많이 말하고 있으니까.

E C'est vrai. Alors, on choisit ce sujet ?
사실이야. 그러면 이 주제를 선택할까?

C Le problème, c'est qu'il nous faut beaucoup de temps pour le préparer.
문제는 그것을 준비하는데 시간이 많이 걸린다는 거야.

E Qu'est-ce qu'on doit faire ?
무엇을 해야 하는데?

C D'abord, nous devons rechercher des documents convaincants pour qu'on puisse partager notre opinion sur la gravité du problème.
우선, 우리는 문제의 심각성에 대한 우리의 의견을 사람들이 공유할 수 있도록 하기 위해 설득력 있는 자료들을 찾아야 해.

E Ça n'a pas l'air facile.
쉬워 보이지는 않네.

C Et puis, on doit montrer des solutions pour résoudre le problème de la pollution d'environnement.
그리고 환경오염 문제를 해결하기 위한 해결들을 보여줘야 해.

E J'admets que ce n'est pas un sujet facile, mais il est aussi intéressant.
쉽지 않은 주제라는 것을 인정하지만 또한 흥미로워.

C Bon, on va choisir le deuxième sujet et on partage le travail. Moi, je vais chercher des documents. Et toi, tu vas trouver des photos et des images. Qu'est-ce qu tu en penses ?
좋아, 두 번째 주제를 선택하자. 그리고 일을 나누자. 나는 자료를 찾을께. 너는 사진과 이미지를 찾아. 어떻게 생각해?

E D'accord.
알았어.

C Et on va travailler ensemble pour la partie de la solution.
그리고 해결 부분에 대해서는 함께 공부하자.

E D'accord.
알았어.

SUJET 29 rencontre

Vous rencontrez un(e) ami(e) d'enfance dans la rue. Vous n'avez pas eu de ses nouvelles depuis longtemps et vous lui demandez sa vie (école, sa famille, etc).

[L'examinateur / l'examinatrice joue le rôle de votre ami(e).]

주목

주목해야 할 사항들

오래 보지 못한 친구를 우연히 만나 소식을 묻고 답하는 방식으로 대화를 이끌어가는 문제이다.

먼저 길에서 우연히 만났다는 지시사항에 따라 정말 뜻밖이라는 표현을 말하며 대화를 시작한다. 그리고 소식을 알지 못했다는 부분과 관련해서는 친구 역할을 하는 감독관 가족이 먼 지역으로 이사를 했다든가 하는 이유를 들어 그 동안 소식이 궁금했다고 말한다.

또는 감독관의 생활에 대해 물어야 하는데 우선 새로 전학 간 학교와 관련해서 선생님들은 좋은지, 친구들은 잘 대해주는지 등에 대해 물어본다. 그리고 가족의 안부와 연관해서 친구 부모님들이 자신에게 이전에 매우 잘 해주셨다는 말과 함께 잘 계시는지 안부를 묻는다.

그리고 자신의 휴대폰 번호나 e-mail 주소를 알려주거나 친구의 연락처를 물은 후에 자주 연락하자고 말하면서 작별인사를 한다.

SUJET 29 rencontre 만남

Vous rencontrez un(e) ami(e) d'enfance dans la rue. Vous n'avez pas eu de ses nouvelles depuis longtemps et vous lui demandez sa vie (école, sa famille, etc).

[L'examinateur/l'examinatrice joue le rôle de votre ami(e).]

당신은 거리에서 어릴 적 친구를 만납니다. 오래 전부터 그의 소식을 몰랐고 그의 생활에 대해 물어보세요.

[감독관은 당신 친구 역할을 합니다.]

C C'est bien toi ? Je ne crois pas mes yeux.
진짜 너야? 내 눈을 믿지 못하겠어.

E Salut et moi non plus.
안녕, 그리고 나도 그래.

C Ça fait au moins 5 ans qu'on ne s'est pas vus, n'est-ce pas ?
우리가 서로 못 본지 적어도 5년은 되었지, 안 그래?

E C'est vrai.
사실이야.

C Je t'ai téléphoné plusieurs fois, mais tu ne m'as pas répondu.
내가 너한테 여러 번 전화했는데, 전화를 받지 않던데.

E J'ai perdu mon téléphone portable et je n'avais pas ton numéro.
내가 휴대폰을 잃어버려서 네 번호를 가지고 있지 않았거든.

C Alors, tu habites où maintenant ?
그래, 지금은 어디에 살고 있니?

E J'habite ici, à Paris. Et toi ?
나 여기 파리에 살고 있어. 너는?

C Ah bon ? Moi aussi, j'habite ici. Et ta famille ? Ils vont bien ?
아 그래? 나도 여기에 살고 있어. 너의 가족은? 잘들 지내시니?

E Oui. Comment vont tes parents ?
응. 너의 부모님은 어떠시니?

C Ils vont tous bien. Où est ton école ? C'est près de chez toi ?
모두 잘 지내셔. 너의 학교는 어디야? 네 집에서 가깝니?

E Oui. J'y vais à pied. Tu es aussi lycéen(ne) ?
응. 걸어서 다녀. 너도 고등학생이지?

C Oui, en deuxième année. Tu joues toujours au football ?
응, 2학년이야. 너 여전히 축구하니?

E Non. Je dois travailler pour préparer le bac.
아니. 대학입학시험을 준비하기 위해서는 공부를 해야 하니까.

C C'est vrai. Alors, ça marche bien, tes études ?
사실이야. 그래, 공부는 잘 되니?

E Comme ci comme ça. Et toi ?
그냥 그래. 너는?

C Moi aussi. Qu'est-ce que tu vas étudier à l'université ?
나도 그래. 대학에서 뭐를 공부할거니?

E Je n'ai pas encore décidé. Et toi ?
아직 결정하지 않았어. 너는?

C Moi, je vais étudier le français parce que je voudrais devenir professeur de français.
나는 프랑스어를 공부할건데 왜냐하면 프랑스어 선생님이 되고 싶거든.

E C'est une bonne idée. Bon, je dois m'en aller parce que j'ai un rendez-vous.
좋은 생각이야. 자, 나 이제 가야 되 약속이 있거든.

C Oui. Voilà mon numéro de téléphone. Appelle-moi demain !
그래. 여기 내 전화번호야. 내일 나에게 전화해!

E D'accord. Au revoir !
알았어. 잘 가?

C Au revoir ! J'étais très heureux(se) de te rencontrer.
잘 가! 너 만나서 매우 기뻤어.

SUJET 30 école jumelée

Votre école a une école jumelée en France et les lycéens français vont visiter votre école. En tant que représentant des étudiants, vous discutez avec votre directuer (rice) pour organiser le programme.

[L'examinateur/l'examinatrice joue le rôle du (de la) directeur(rice).]

주목해야 할 사항들

학생대표로서 응시자가 교장 선생님 역할을 하는 감독관과 함께 자매결연 학교 학생들의 방문과 관련하여 대화를 하는 문제이다.

상황상 감독관이 먼저 응시자에게 프랑스 자매 학교 학생들이 방문한다는 것을 알고 있느냐는 질문을 할 것이다. 이에 응시자는 담임 선생님을 통해 들었다고 답하고 이와 관련하여 학생 위원회와 토론을 했다고 답한다. 이렇게 함으로써 응시자는 토론에서 언급했던 이야기들을 감독관에게 할 수 있는 계기를 만들 수 있다.

먼저 학생들의 일정과 관련하여 이야기를 해야 하는데 응시자는 학생들 중에 몇몇이 대표로 이들이 방문할 장소를 안내할 것이라고 말한다. 그리고 이들의 방문을 환영하는 행사와 관련하여 감독관이 응시자에게 준비할 수 있겠냐고 부탁을 하는 경우 학생회들과 이야기를 해보겠다고 답변한다. 그렇지 않으면 응시자가 이와 관련하여 이미 학생회와 의논한 결과 함께 즐길 수 있는 파티를 하는 것으로 결정했다고 말한다. 그리고 이와 관련한 경비를 학교 측에서 부담해주도록 감독관에게 부탁한다.

SUJET 30 **école jumelée** 자매결연학교

Votre école a une école jumelée en France et les lycéens français vont visiter votre école. En tant que représentant des étudiants, vous discutez avec votre directuer (rice) pour organiser le programme.

[L'examinateur / l'examinatrice joue le rôle du (de la) directeur(rice).]

당신 학교는 프랑스에 자매학교가 있는데 프랑스 고등학생들이 당신 학교를 방문합니다. 학생 대표로서, 당신은 교장 선생님과 프로그램을 짜기 위해 논의합니다.

[감독관은 교장 선생님 역할을 합니다.]

C Bonjour Monsieur (Madame) le (la) directeur (directrice).
안녕하세요, 교장 선생님.

E Bonjour. Asseyez-vous ! Vous savez que les lycéens français visitent notre école le mois prochain.
안녕하세요. 앉으세요! 다음 달에 프랑스 학생들이 우리 학교를 방문한다는 것을 알고 있죠.

C Oui. Mon professeur de classe nous en a parlé.
예. 담임선생님께서 그것에 대해 우리에게 말씀하셨어요.

E Je vous ai fait venir parce que j'aimerais écouter les avis de nos élèves.
그래서, 우리 학생들의 의견을 듣고 싶어서 학생을 오라고 했어요.

C Beaucoup d'élève sont contents de les rencontrer. Mais nous ne savons pas notre rôle dans cette visite.
많은 학생이 그들을 만나는 것을 만족해 합니다. 그렇지만 이 방문에서 우리 역할을 알지 못합니다.

E Les programmes seront organisés par nos professeurs et on va vous les annoncer.
프로그램은 선생님들께서 짜실 것이고 여러분에게 그것을 알려줄 거에요.

C Est-ce que vous avez quelques choses à nous demander ?
우리에게 부탁하실 것들이 있나요?

E Oui. J'aimerais que l'association d'élèves aide les élèves français à visiter des monuments de notre région.
예. 학생회가 프랑스 학생들이 우리 지역의 기념물들을 방문하는 것을 도와주었으면 해요.

C Entendu. Je vais parler avec les autres membres et on va vous donner la liste des candidats.
알았습니다. 다른 위원들과 말을 해서 교장 선생님께 지원자들의 명단을 드릴게요.

E Merci. Et puis, on va faire une petite fête pour les accueillir. Est-ce que les élèves peuvent organiser cette fête ?

고마워요. 그리고 그들을 환영하기 위해 조그마한 파티를 할거에요. 학생들이 이 파티를 꾸밀 수 있을까요?

C Je ne peux pas vous le dire maintenant. Je vais aussi discuter avec les autres sur ce sujet.

지금 그것을 말씀드릴 수가 없습니다. 이 주제 대해서도 다른 학생들과 논의해 보겠습니다.

E Enentdu. Mais il faut se dépêcher parce qu'il ne reste pas beaucoup de temps.

알았어요. 그렇지만 서둘러야 해요 왜냐하면 시간이 많지 않으니까요.

C Comme il y aura une réunion de l'association des élèves demain, on va parler de ça à priori.

내일 학생회 회의가 있으니까, 이것에 대해 우선적으로 말하겠습니다.

E Merci et venez demain ! J'attendrai le résultat.

고맙고 내일 오세요! 결과를 기다릴게요.

C Entendu, monsieur le directeur.

알겠습니다, 교장 선생님.